CONTES

INDUSTRIELS

PAR

LOUIS JOURDAN

PARIS

LIBRAIRIE DE L. HACHETTE ET Cie.
RUE PIERRE-SARRAZIN, N° 14

1859

CONTES

INDUSTRIELS

PARIS. — IMPRIMERIE DE CH. LAHURE ET C[ie]

Rues de Fleurus, 9, et de l'Ouest, 21

CONTES

INDUSTRIELS

PAR

LOUIS JOURDAN

PARIS

LIBRAIRIE DE L. HACHETTE ET Cie

RUE PIERRE-SARRAZIN, N° 14

1859

I

HISTOIRE

D'UNE ROBE DE MOUSSELINE

I

HISTOIRE

D'UNE ROBE DE MOUSSELINE.

Un désir nous obsédait depuis longtemps. Nous voulions publiquement honorer l'industrie cotonnière, qui est une de nos gloires nationales; nous voulions raconter ses luttes, ses courageux efforts, dire les miracles qu'elle a accomplis, citer les noms des industriels habiles, des mécaniciens ingénieux qui ont créé et perfectionné cette production devenue une des sources les plus fécondes de notre richesse, l'aliment le plus puissant de notre activité. Pour cela, il fallait feuilleter des livres, compulser des documents officiels, grouper des chiffres, toutes choses fort intéressantes sans doute, mais peu récréatives. nous n'avions cependant pas reculé devant cette tâche, et déjà nous étions en mesure de dire très-exactement combien la France recevait, il y a un quart de siècle, de balles de coton d'Alexandrie et des États-Unis ; combien elle en reçoit aujourd'hui ; combien d'usines se sont élevées ; combien d'ouvriers elles occupent. Nous aurions pu même, au besoin, vous faire la description des machines à l'aide desquelles on obtient ces fils d'une ténuité fabuleuse, « ces tissus plus légers que des ailes d'abeilles, » suivant l'expression du grand poëte proscrit, ces impressions que le monde entier admire, etc.

Mais, il faut bien le dire, ces récits didactiques, très-instructifs d'ailleurs, n'auraient pas été amusants. Nous reculions donc lâchement devant notre projet, quand une heureuse rencontre nous a tirés de peine. Une vieille robe de mousseline fanée, frangée, souillée, couverte de blessures, nous a raconté ses jours de gloire et de malheur, sa grandeur et sa décadence. L'infortunée était tristement suspendue au crochet d'un magasin de la rue Joquelet, chez une marchande à la toilette, entre un habit brodé qui, lui aussi, avait eu ses jours de splendeur et un chapeau de satin à plumes ébarbées qui avait sans doute fait les délices d'une merveilleuse il y a quelque vingt ans.

Nous nous intéressâmes au sort de cette robe coquette encore, malgré sa vétusté, avec son corsage échancré, ses petits volants écourtés, ses agréments ponsifs. Cette pauvre vieille robe avait été sensible dans son jeune âge ; mes attentions parurent la toucher ; ses souvenirs s'éveillèrent en foule , et, à travers le vitrage, elle nous raconta jour par jour son histoire. La malheureuse ! que de passions, que d'aventures, que d'intrigues, que de revers !

Il nous a semblé que l'histoire de cette robe édentée pouvait parfaitement suppléer à toutes nos recherches, à toutes nos descriptions techniques, et que nos lecteurs, nos lectrices surtout pourraient y trouver quelque charme. Nous laisserons parler la pauvre vieille elle-même ; nous supprimerons seulement toute la partie graveleuse et galante de son récit, à laquelle un roman suffirait à peine.

« Monsieur, nous dit-elle de sa voix tremblante et cassée, j'ai été jeune et belle, brillante et en-

viée ; j'ai figuré, telle que vous me voyez, dans la
corbeille de noces de madame Tallien. — Quelle
femme, monsieur ! — Mais avant d'en venir là,
j'avais bien souffert, plus que je ne souffre maintenant de mon abjection, et mon enfance avait été
rude.

« J'étais une petite graine à gousse luisante, et
et je me souviens que je servais de hochet, là-bas !
là-bas ! bien loin, en Amérique, à de petits négril-
lons qui s'amusaient de moi et me faisaient bon-
dir dans leurs jeux.

« Un jour le maître vint dans la case : c'était
un homme sec, froid, impérieux, il m'aperçut
et il ordonna à un esclave de m'emporter et de me
mettre en terre. L'esclave s'empara de moi malgré
les pleurs des petits enfants qui ne voulaient pas
me quitter, et il me mit d'abord dans un sac où je
me trouvai en compagnie de plusieurs milliers
de mes sœurs, simples graines comme moi.

« Le lendemain, les esclaves se réunirent sous
les ordres d'un blanc armé d'un grand fouet ; chacun d'eux portant son sac de graines sur le dos,
ils partirent, et sous les feux de l'ardent soleil des
tropiques, ils creusèrent des sillons où nous fûmes
déposées. Je vous le demande, monsieur, que faire
en un sillon et sous la terre, à moins que d'y ger-

mer? Quelques graines, animées d'un esprit anarchique, voulurent s'obstiner, mais nous avions hâte de revoir le jour, de prendre notre part des joies de la vie, et nous nous décidâmes à percer la couche qui pesait sur nous.

« Lorsque nous arrivâmes à fleur de terre, le blanc qui commandait les esclaves poussa un cri de joie. Les voilà! dit-il, et dès ce moment les esclaves ne furent plus occupés qu'à nous arroser, à arracher les herbes parasites qui nous entouraient. Grâce à ces soins infatigables, je grandis, je devins une plante assez coquette, souriant au soleil, à la nature splendide qui m'entourait, à la vie en un mot. J'étais jeune, j'étais belle et sensible; que vous dirai-je, monsieur, je fus aimée. Vous ne savez pas ce que c'est que les mystérieuses amours des plantes; leurs passions ignorées, leurs muets tressaillements. Je devins mère, et mère très-féconde. Je donnai le jour à une foule de graines qui, elles-mêmes, ne résistèrent pas à l'amoureuse ivresse, qui ouvrirent leur sein au pollen que la brise, douce messagère d'amour, leur apportait chaque matin, et, au bout de quelques mois, elles laissèrent échapper de leurs flancs des flocons soyeux; j'avais fait du coton sans m'en douter, et j'étais devenue coton moi-même.

« Les nègres, ruisselants de sueur, épuisés de fatigue, me cueillirent assez brutalement ; ils me portèrent dans un vaste hangar, où, sous prétexte de m'épurer, on me battit avec rudesse à l'aide d'une machine destinée à me séparer du grain auquel j'étais attachée. Je n'insisterai pas sur les douleurs de cette séparation cruelle, monsieur, car elle est longue la liste de mes peines de cœur ! »

En disant ces mots, la vieille robe regarda du coin de l'œil, comme si elle se fût défiée d'eux, ses voisins de droite et de gauche ; mais l'habit de préfet et le chapeau de satin rose n'ayant pas l'air d'écouter, la vieille reprit en ces termes ou à peu près :

« Quand cette première séparation fut accomplie, mon odyssée commença. On me serra dans une balle, et de quelle façon ! Ah ! monsieur, dans ma vie mondaine, j'ai été serrée de très-près, et notamment un soir, en revenant du bal, par un ami intime de ma belle maîtresse, mais jamais à ce point. C'est à peine si je pouvais respirer dans cet affreux ballot. Les esclaves me transportèrent au bord du fleuve le plus voisin.

Là je fus embarquée, puis débarquée, puis rembarquée par des matelots de toutes les nations, sur de grands navires qui traversèrent l'Océan, bravèrent des tempêtes horribles, à ce point que l'équipage délibéra un jour pour savoir si, pour se débarrasser de moi, on ne me jetterait pas à la mer.

« A travers tant de vicissitudes j'arrivai enfin à Marseille. Je traversai honteusement la France, non pas en chemin de fer, monsieur, — on n'y songeait pas alors, — mais sur une voiture de roulage, couchant toutes les nuits dans des auberges où mes conducteurs plaisantaient lourdement avec de grosses maritornes. Ah! qu'il y avait loin de là à mes amours de plante, à ces hymnes de tendresse que nous murmurions pendant nos nuits des tropiques! »

Ici la vieille poussa un profond soupir, et, prenant un de ses volans, elle essuya une larme qui ruisselait sur son corsage, puis elle continua :

« Achetée, vendue, revendue, ayant déjà enrichi, indépendamment de mon planteur américain, des négociants, des courtiers, des armateurs, des capitaines de navire, des rouliers, etc., j'arrivai enfin à destination. On ouvrit la balle qui me renfermait, on me donna de l'air. J'étais alors dans une des premières filatures que la France possédât.

« On me soumit à l'action de machines fort ingénieuses et on me fila, affreux supplice ! Je frémis encore en y songeant. Vous figurez-vous, monsieur, ce que c'est que d'être filé et tordu ? »

Ici, mon interlocutrice se livra à une foule de jeux de mots et d'allusions aux événements politiques, à nos crises révolutionnaires.

Je fus stupéfait, et l'habit brodé lui-même tressaillit. Je fis remarquer à la vieille que ces inconvenances de langage et ces calembours d'un goût douteux pouvaient la compromettre ; elle me promit d'être plus prudente désormais et elle poursuivit :

« On me fila donc, et avec une ténuité telle qu'une araignée eût pu être jalouse. On me roula ensuite sur des bobines, et après avoir contribué encore à enrichir des filateurs, des mécaniciens, des marchands de bois, de fer, que sais-je ! on me transporta à Tarare, où je fus tissée avec soin ; puis on m'envoya à l'impression, d'où, grâce aux découvertes des chimistes, je revins ornée de ces petites fleurs roses et vertes que vous me voyez et qui faisaient les délices des femmes de mon temps. Cela fait, on me soumit à la pression des machines hydrauliques qui me donnèrent un apprêt que j'ai perdu depuis, avec tant d'autres choses, hélas? Les apprêteurs, les teinturiers, les tisserands, les marchands de couleur, tout ce monde s'enrichit à mes dépens.

« Un marchand de la rue Saint-Honoré vint alors, me vit, s'éprit de moi et m'acheta, le monstre ? Il m'étala dans sa boutique, il exigea de moi un prix fou, car j'étais à la mode, je faisais fureur dans ce temps-là ; je fus caressée par les plus blanches mains, admirée par les plus beaux yeux de Paris et du Directoire. On m'acheta enfin, et je fus placée dans la corbeille de noces de Mme Tallien, mais non sans avoir subi d'éclatantes transforma-tions. Les plus habiles couturières furent appelées ; l'art des fleuristes fut mis à contribution ; Saint-Etienne et Lyon envoyèrent leurs plus beaux rubans pour orner mon corsage. Ce furent mes jours de triomphe ; j'entendis des déclarations d'amour bien ardentes ; je fus chiffonnée en mainte occasion délicate. Et maintenant, après tant de pérégrinations et de vicissitudes, après avoir fait vivre des milliers de travailleurs, alimenté d'innombrables

industries dont la France est fière , après avoir
suscité le génie de Jacquart, je suis réduite à la
triste condition où vous me voyez. »

Une sorte de frémissement agita le corsage
fané de la pauvre vieille robe, et pendant que je
m'apitoyais moi-même sur cette décadence venant
à la suite de tant de grandeurs, j'entendis deux
éclats de rire sardoniques. C'étaient les deux voisins de la vieille, l'habit brodé et le chapeau de
satin, qui, ayant entendu ce long récit, se mo-
quaient de la malheureuse robe.

« Monsieur, me dit gravement l'habit brodé,
tout ce que vous venez d'entendre n'est rien à
côté de ma lamentable histoire. La vieille vous a
parlé de l'industrie du coton ; qu'est-ce que cela
auprès de mon tissu de drap et de mes broderies
jadis si éclatantes ?...

— Laissez donc ! reprit d'un air dégagé le
chapeau de satin, qu'est-ce que votre grossier
tissu de laine auprès de ma soyeuse étoffe, et de
mes plumes et de mes rubans ? C'est un roman
que mon existence.... »

Et tous deux, s'interrompant à l'envi, me racontèrent les choses les plus édifiantes sur la double industrie de la laine et de la soie, sur celle des broderies et sur celle des rubans. Rentré chez moi, je mis en ordre ces récits assez piquants et je vais vous les raconter.

II

MÉMOIRES

D'UN HABIT BRODÉ

II

MÉMOIRES

D'UN HABIT BRODÉ.

Ce vieil habit avait un aspect étrange ; il était aussi grave et aussi guindé que lorsqu'il recouvrait les épaules d'un fonctionnaire public. Un œil exercé eût pu reconnaître dans les diverses tensions que le drap avait subies, aussi bien que dans les reprises des broderies, toutes les vicissitudes de cette existence tourmentée. Après avoir jeté un regard de dédain sur la robe de mousseline et s'être convenablement rengorgé dans son collet chargé de broderies d'argent, l'habit recueillit ses souvenirs, et, d'un ton rogue et pédant, il me parla ainsi :

« Monsieur, je n'imiterai pas cette vieille folle, — et du bout de la manche il désignait la robe de mousseline, — qui ne vous a guère parlé que de ses amours, je sais que vous autres, écrivains, vous êtes friands de scandale, mais je ne seconderai pas ce funeste penchant. »

Il me semblait entendre Henri Monnier dans M. Prudhomme ; je fis un geste d'assentiment, et mon grave interlocuteur reprit d'un ton sentencieux :

« C'était en 1757 ; M. le président de Latour-d'Aigues, qui possédait en Provence de vastes domaines, voulut faire pour notre pays ce que Varon avait fait pour l'Espagne.

« Il se procura à grands frais un bélier d'Afrique, dans le but d'opérer des croisements avec les races ovines de nos provinces méridionales. Ce bélier fut un de mes aïeux ; il fit merveille d'abord, et alluma des passions incendiaires dans le cœur des brebis provençales. Mais la transition de climat n'avait pas été assez habilement ménagée, et les produits de ce premier croisement ne répondirent pas à l'attente de M. de Latour-d'Aigues, qui se proposait de doter la France des laines soyeuses connues sous le nom de laines mérinos.

« Le président fit alors acheter des béliers en Espagne ; ces fiers animaux, que je m'honore de compter parmi mes ancêtres, perfectionnèrent en effet la race ovine, et ces perfectionnements attirèrent l'attention publique, si bien qu'en 1776, S. M. le roi Louis XVI — (ici, par un reste d'habitude, mon interlocuteur s'inclina profondément) — obtint de son frère le roi d'Espagne la faculté d'exporter deux cents brebis et béliers de race pure de Léon et de Ségovie.

« S. M. confia ce troupeau au célèbre naturaliste Daubenton, qui, depuis dix ans, s'occupait aussi avec ardeur de l'amélioration de nos races indigènes. Les bêtes espagnoles, bien que Louis XIV eût dit depuis longtemps qu'il n'y avait plus de Pyrénées, eurent quelque peine à s'acclimater parmi nous ; elles donnèrent le jour à des fils dégénérés. En 1786, l'Espagne, par un traité spécial, nous céda de nouveau 367 béliers et brebis de ses plus belles races, et ce fut avec ce noyau que nous formâmes notre célèbre bergerie de Rambouillet. Plus tard, en 1799, la France

stipula, dans le traité de Bâle, que le gouvernement espagnol lui céderait 5500 bêtes à laines
choisies dans ses plus magnifiques troupeaux de
la Castille. On distribua quelques couples à des
propriétaires intelligents qui, de concert avec l'administration, poursuivirent la régénération de nos
races ; et bientôt notre pays fut doté d'une grande
et puissante industrie.

« Ces détails ne paraissent pas vous amuser,
monsieur, dit l'habit brodé en s'interrompant tout
à coup, et vous venez d'étouffer à grand'peine
un bâillement que je ne me permettrai pas de
qualifier. Ah ! je vous reconnais bien là ! Vous
êtes un de ces idéologues pour lesquels l'empereur, mon auguste maître, professait un juste
et souverain mépris. Mais pouvais-je passer sous
silence ces efforts persévérants sans lesquels
votre paletot aurait encore une origine étrangère ?

« Je naquis avec le siècle, à la suite de la mémorable importation de 1799, d'un bélier espagnol et d'une jeune brebis berrichonne, qui elle-
même descendait du bélier d'Afrique introduit en
France par M. de Latour-d'Aigues pendant l'année 1757.

« Mon père était un bel animal vigoureusement
constitué, portant fièrement ses cornes, doué d'une

riche toison digne de tenter le courage de nouveaux Argonautes.

« Ma mère était modeste autant que belle, et d'une inépuisable fécondité.

« J'étais à cette époque un petit agneau d'une blancheur immaculée. Je bondissais avec toute l'insouciance de mon âge dans les belles plaines du Berry, que votre George Sand a chantées ; je remplissais l'air de mes bêlements plaintifs, et comme j'avais sucé avec le lait maternel les principes de soumission à l'autorité, principes que je n'ai cessé de pratiquer pendant le cours de ma longue carrière, j'étais renommé de bonne heure pour mon obéissance à la voix du berger et à la dent de son chien, un terrible chien que mon père lui-même redoutait !

« Je grandis ainsi, broutant l'herbe fraîche, adoré des jeunes filles qui me caressaient de la main. Ces innocentes joies furent de courte durée ; le maître du troupeau décida que je mourrais sans postérité. Hélas ! monsieur, faut-il le dire ? je devins un simple mouton, mais je conservai au fond de mon cœur un profond respect pour le principe d'autorité. Mon maître aurait voulu pour tout au monde pouvoir revenir sur sa décision lorsqu'il apprit que Napoléon avait dit en plein

conseil d'État : « L'Espagne a 25 millions de mé-
« rinos, je veux que la France en ait 100 millions ! »
Mais il n'était plus temps ; le mal était irréparable,
j'étais mouton !

« Je dis alors un éternel adieu à tous les rêves,
à toutes les illusions de ma jeunesse, à l'espoir,
que j'avais secrètement caressé, de me faire une
famille. On me tondit, et de très-près ! Ma laine
était magnifique. Savez-vous seulement, monsieur, vous qui avez la prétention de tout enseigner, savez-vous ce que c'est que la laine ? savez-
vous par quelles épreuves j'ai passé avant d'arriver
aux honneurs ?

« Quand ma toison fut coupée et qu'elle eut subi
un premier lavage destiné à la débarrasser de la
matière huileuse qui m'enveloppait, des savants,
des marchands, des industriels, des hommes spéciaux s'emparèrent de moi et me discutèrent.
J'appris là que chaque brin de laine est apprécié
suivant sa finesse, sa souplesse, sa longueur, son
élasticité et sa douceur, qualités que, Dieu merci !
je possédais au plus haut degré et que je tenais de
mon père et de mon ancêtre maternel. Ma vie entière était dans ma toison : aussi, quand un boucher m'égorgea, moi pauvre mouton, et me vendit
sous forme de gigot et de côtelette aux bourgeois

de la ville voisine, je fus peu sensible à ce malheur. Que m'importait de mourir comme mouton, puisque je vivais comme laine et que bientôt j'allais revivre comme drap! Mais n'anticipons pas sur les événements! ajouta gravement l'habit brodé en étouffant un soupir.

« Vous savez peut-être, monsieur, que la généralité des laines se divise en trois grandes classes : les laines communes, les métis et les mérinos. J'appartenais, par ma naissance, à la plus noble de ces classes; mais malheureusement ma mère, la brebis berrichonne, n'ayant pu réunir ses quartiers de noblesse, je fus rejeté parmi les laines métis. Ce fut pour moi une douloureuse humiliation.

« On m'expédia à Paris; là je fus transporté de magasin en magasin, examiné par des marchands, colporté par des courtiers. Bref, un des premiers industriels de Sedan m'acheta et me soumit aux plus pénibles opérations. Je fus d'abord placé dans une chaudière chauffée à 40 degrés Réaumur, mis en contact avec de la potasse, et ce fut ainsi que mon *dessuintage* s'opéra. Puis, à l'aide de savantes préparations que j'énumérerais si vous ne me paraissiez pas avoir en horreur les explications scientifiques, je fus dégraissé à fond.

« Ainsi dégraissé, on me carda. Maintenant vos industriels cardent à la mécanique ; mais, de mon temps, le cardage se faisait à la main. Cette opération a pour objet de mêler entre eux les brins de la laine, de manière à les rendre plus faciles à feutrer ou à fouler. On procéda ensuite au peignage, travail difficile qui a lieu dans des ateliers chauffés à une haute température toujours égale, afin d'augmenter la souplesse et la ductilité des filaments. Le peignage a pour but de rendre le fil de laine uni et formé de brins aussi parallèles que possible.

— Mon cher habit brodé, dis-je en l'interrompant d'un ton familier, si nous passions au déluge ! »

Cette interruption fit sourire la robe de mousseline et le chapeau de satin.

« Monsieur, répliqua l'habit brodé avec amertume, vous ne serez jamais qu'un folliculaire ignorant. Ah ! vous croyez peut-être que le drap de vos vêtements pousse comme le champignon ! Sachez, monsieur, qu'il a fallu, pour faire une aune de drap, plus de génie, plus d'efforts, plus de science qu'on n'en a dépensés, depuis que le monde existe, pour gouverner des États et conquérir des royaumes ! Je ne vous ai encore parlé que de la tonte, du peignage, du lavage, du cardage, et vous vous impatientez! Mais songez donc que nous ne sommes pas même encore à la filature, opération prodigieuse pour laquelle la France est aujourd'hui sans rivale, et qui représente des siècles de travail accumulé! Savez-vous que la perfection des machines est telle aujourd'hui que la laine se file aussi fin que le coton, et que quand j'ai été filé, moi qui vous parle, cinquante mille mètres de mon fil pesaient à peine un demi-kilogramme? Allez dans les ateliers de vos grands industriels, dans la maison Griolet, dans la maison Paturle, et vous trouverez des laines filées à un tel degré de ténuité qu'il faut 80 000 et jusqu'à 90 000 mètres de fil pour faire un demi-kilogramme. Les filateurs anglais et saxons ne font pas de pareils tours de force, si habiles qu'ils soient. Aussi qu'est-il arrivé? C'est que la France, qui possédait en 1789 dix millions et demi de bêtes à laine donnant environ par toison un kilogramme de laine lavée, en compte aujourd'hui 40 millions, divisées en diverses espèces, et produisant en matière fabriquée pour une valeur de 650 millions de francs environ. Et vous croyez que ce n'est rien, cela! Et vous ne vouliez pas que je me permisse un haussement d'épaules quand j'entendais cette vieille coquette, pendue à mes côtés, parler de ses mérites !

— Monsieur le préfet ! » dit la robe de Mme Tallien avec une dignité superbe.

Cette simple apostrophe suffit pour rappeler à l'habit brodé qu'il était chevalier français, et s'inclinant avec une galanterie surannée, il baisa respectueusement le bout de la manche de sa voisine.

« Monsieur, reprit-il avec une tristesse qui me toucha, je vois bien que je n'ai pas le don de vous plaire, aussi vais-je aller droit au but. Après une série innombrable d'opérations qui nécessitèrent le concours de milliers d'intelligences et de bras, l'activité des capitaux et du crédit, les efforts de toutes les sciences, après la teinture, le foulage, le lavage, la tonte, l'apprêt, etc., je devins drap, et le plus beau drap que la France eût encore produit. M. de N..., qui venait d'être nommé préfet des Alpes-Maritimes par S. M. l'empereur et roi, me fit l'honneur de m'acheter. Je fus brodé d'argent sur toutes les coutures, et la première fois que je me présentai à la cour, ce fut pour y prêter serment de fidélité. Je jurai avec enthousiasme. Jugez de ma joie, j'étais préfet ! Je partis pour Nice, chef-lieu de mon département, où Mme la préfète vint me rejoindre plus tard accompagnée par un de ses cousins, jeune et brillant chef d'escadron de la garde. Là nous donnâmes des fêtes, des bals splendides dont le cousin était l'ordonnateur en chef. Mon aïeul, le bélier d'Afrique, devait être fier de moi!

« La Restauration arriva ; un pair de France, qui portait un très-vif intérêt à ma femme et à moi, me fit donner une autre préfecture. J'en fus quitte pour faire modifier le dessin de mes broderies, changer mes boutons. Je prêtai serment à l'auguste monarque, à Louis XVIII le Désiré ; le cousin de ma femme fut nommé général commandant mon département, et nous vécûmes heureux jusqu'à la révolution de 1830. Au moment où M. de N.... mon propriétaire, allait prêter serment de fidélité à Louis-Philippe, il fut frappé d'une attaque d'apoplexie, et sa veuve, l'ingrate ! méconnaissant mes services, me vendit sans pitié à un marchand de bric-à-brac, un vil brocanteur, lequel me céda au directeur d'un théâtre de province. J'ai figuré, depuis lors, dans toutes les pièces du Cirque, et enfin me voici suspendu à ce crochet, attendant la fin de ma triste destinée, vivant de mes souvenirs passés, de ma gloire éteinte sans retour.

« Si vous racontez mon histoire, monsieur, tâchez d'inspirer à quelque jeune sous-préfet l'idée de me faire rentrer dans la vie active. Regardez ! je suis très-portable encore ; à part le dos, que l'habitude des courbettes a légèrement fatigué, mon drap est bon, et avec quelques broderies de circonstance, je pourrais prêter encore un nouveau serment. »

« Ce vieil habit est ignoble ! » dit d'un ton léger le chapeau de satin, dont je vais vous raconter aussi l'histoire édifiante.

III

CONFIDENCES

D'UN CHAPEAU DE SATIN ROSE

III

CONFIDENCES

D'UN CHAPEAU DE SATIN ROSE.

Parmi les préjugés que la sottise humaine a marqués de son coin impérissable et que les générations se transmettent l'une à l'autre avec un respect scrupuleux, il en est un que nous n'aurions jamais osé combattre si les confidences que nous allons transcrire ne nous avaient été faites par le chapeau de satin rose, joyeux compagnon de la robe de mousseline et de l'habit brodé dont nous avons déjà raconté la douloureuse odyssée. Ce préjugé consiste à croire que tout ce qui se

rattache à la toilette des femmes est futile et indigne d'une sérieuse attention. Erreur funeste,
qui a causé la chute d'une multitude d'empires, et
qui, de tout temps, a fourvoyé la politique en dehors de ses voies normales ! Nous approfondirons
cette grave question en traçant prochainement le
tableau des vicissitudes d'un corset de duchesse.
Pour le moment, qu'il nous soit permis de poser
cet aphorisme : nul n'est homme d'État, philosophe, moraliste, historien ou poëte, s'il ne possède
à fond le secret de la toilette féminine et ses rap-
ports avec les grands événements historiques. Le
chapeau de satin de la rue Joquelet et le corset de
la duchesse me l'ont victorieusement prouvé.

Après avoir secoué la poussière qui ternissait
ses tendres couleurs, le vieux chapeau prit son
attitude la plus coquette et la plus provoquante,
puis il me parla à peu près en ces termes :

« Je ne sais, monsieur, quelle destinée le ciel
me réserve et ce que je deviendrai en sortant de ce
pandæmonium où je végète depuis bien des années, mais j'ai traversé déjà tant d'existences, ma
mémoire remonte si loin à travers les siècles que je
ne crois plus à la mort. Que de fois déjà je me suis
endormi dans la nuit du tombeau, croyant que
ma vie était éteinte sans retour ! et la mort m'a

sans cesse préparé à une transformation nouvelle.

« Mes ancêtres furent de simples chenilles, des
vers à soie laborieux et modestes, vivant paisible-
ment au fond d'un grand bois peu distant de la
ville de Pékin. Ils faisaient de la soie en amateurs
et sans se douter de la richesse qu'ils produisaient.
Il y a de cela 4453 ans. Un jour, un mandarin de
première classe, ayant eu maille à partir avec la
mandarine son épouse, vint se promener dans la
forêt qu'habitaient mes aïeux. Il remarqua aux
branches d'un arbre séculaire quelques cocons ; il
les prit, admira le fil soyeux dont ils étaient com-
posés. L'idée lui vint qu'on pouvait peut-être préparer et tisser ces fils si légers, si souples et si
brillants, en fabriquer une étoffe merveilleuse
pour Mme la mandarine, qui ne résisterait pas à
cette galanterie.

« De ce jour, l'industrie de la soie fut créée. Le
désir de plaire à une Chinoise venait de doter le
monde d'une inépuisable source de richesses.
L'empereur de la Chine, informé de ce fait, ordonna des fêtes publiques en commémoration de
ce grand événement, et il voulut que le mûrier
reçût le nom glorieux *d'arbre d'or*. Les journaux
de ce temps-là répandirent bientôt la grande nou-

velle au delà des limites du Céleste-Empire. Toutes les femmes de l'Asie s'en émurent. L'épouse favorite du shah de Perse déclara à son auguste époux qu'elle le considérerait comme indigne de ses faveurs s'il ne marchait à la conquête de la soie. On leva des armées formidables, des ministres plénipotentiaires se croisèrent dans tous les sens, la diplomatie fit merveille, et bientôt l'Inde, la Perse, l'Asie entière ne furent plus qu'une vaste magnanerie.

« Les Phéniciens, qui étaient des négociants fort habiles, organisèrent des caravanes pour faire le commerce des soies et des soieries, mais le monde occidental était tellement barbare encore, qu'il se contentait d'admirer et de payer fort cher les produits de l'Inde, de la Perse et de la Chine, sans se demander s'il pouvait lui-même produire et fabriquer ces tissus pour lesquels les dames romaines commirent bien des fautes, hélas !

« Enfin, l'empereur Justinien n'y tint pas. Humilié par les reproches que lui adressa la femme d'un consul pour laquelle il avait quelques attentions, il se décida à envoyer dans l'Inde deux Grecs employés de la préfecture de police, qui parvinrent à se procurer des œufs de vers à soie, qui corrompirent le contre-maître d'une des premières usines du pays, et apprirent de lui l'art d'élever les vers, d'employer leurs produits, etc. De retour à Constantinople, l'empereur leur donna de l'avancement, et, peu d'années après, grâce aux encouragements de l'État, des manufactures s'élevèrent à Constantinople, à Thèbes, à Corinthe, en Italie. Les belles étoffes de soie valaient dans ce temps-là cinq à six cents francs le mètre ; aussi les femmes ne portaient-elles pas, comme aujourd'hui, six rangées de volants à leurs robes.

— Faites-moi grâce de ces détails historiques, dis-je au chapeau de satin. Un de mes amis m'a raconté à ce sujet des choses très-édifiantes, et je ne....

— Mais votre ami n'a pas été ver à soie, je suppose, me dit le chapeau en m'interrompant d'un petit ton sec et pincé. Savez-vous bien, monsieur, que par mes ancêtres maternels j'appartiens à la race indépendante.... Là ! j'en étais sûr ! vous ouvrez de grands yeux. Vous ignorez donc qu'une grande scission éclata parmi les vers à soie, à la suite de la célèbre découverte du mandarin dont je vous parlais tout à l'heure. Deux partis se formèrent, l'un qui accepta le joug de l'étranger et consentit à filer pour la civilisation ; l'autre qui protesta énergiquement et voulut conserver son

indépendance. En vain les chenilles indépendan-
tes furent transportées à la ville, en vain leur pro-
digua-t-on la nourriture la plus appétissante, les
plus tendres feuilles de mûrier, toutes les séduc-
tions échouèrent contre ces caractères fortement
trempés. Ce fut dans une de ces luttes désespérées
que mon aïeul maternel prononça ces mémorables
paroles : « Le ver à soie meurt, mais il ne se rend
pas ! » Aujourd'hui encore, après quarante siècles,
la tribu indépendante vit et se perpétue sur des
branches de cyprès, de térébinthe, de frêne ou de
chêne, et il a été impossible de l'assouplir à l'éducation domestique.

« Si vous ne saviez pas cela, monsieur, si vous
ignoriez l'existence de ce levain anarchique dans
 es tissus de soie de toute nature, comment par-
viendriez-vous à vous rendre compte de certains
aspects du caractère féminin ? Le jour où toutes
les femmes porteront des robes de soie, l'heure de
l'émancipation aura sonné pour elles. C'est ce que
prévoyait ma belle maîtresse, la comtesse du Cayla,
lorsque sous les ombrages de son château de
Saint-Ouen, elle dit un jour à Louis XVIII, pour
lequel elle daignait avoir quelques bontés : « Sire !
« les encouragements que vous donnez à l'indus-
« trie lyonnaise sont plus révolutionnaires que votre

« charte. » Le roi aspira une prise de tabac et ne répondit pas.

« Je naquis près de Grenoble. Ma mère appartenait à la plus illustre famille des vers à soie, à la noble race des *Bombix*. Devenue papillon, elle me déposa en compagnie de 400 à 500 graines, mes sœurs, sur un linge disposé tout exprès pour nous recevoir. Quand le temps fut venu de nous faire éclore, on trempa ce linge dans l'eau, on nous détacha délicatement avec un racloir, puis nous fûmes jetés pêle-mêle dans un bassin. Les œufs qui n'avaient pas été fécondés, ne se doutant pas du piége qu'on leur tendait, surnagèrent, et on se débarrassa d'eux. Quant à moi, on me lava dans un mélange d'eau et de vin pour fortifier mes organes rudimentaires, on me plaça ensuite dans une salle parfaitement chauffée, qui facilita mon éclosion. Jugez de ma petitesse, monsieur, nous étions là environ 55 000, et à nous tous nous pesions à peine une once.

« Autrefois, avant que l'industrie eût réalisé tous ces progrès qui nous ont été si funestes, le ver à soie vivait environ 60 jours. Mais on a trouvé que c'était trop. Un de vos savants, que Dieu lui pardonne ! fit le raisonnement suivant : « Si j'élève la « température dans laquelle vit le ver à soie, et si je

« le séduis par l'attrait d'une nourriture saine et
« abondante, il sera enchanté, il mangera avec plus
« d'appétit, et vivant plus vite, il mourra plus tôt. »
Le raisonnement était juste. On me prit par la
gourmandise, par la chaleur, par le bien-être, si
bien qu'après 24 jours, n'en pouvant plus et désireux de faire en paix ma digestion, j'escaladai
lentement une branche de bruyère, et me faisant
avec la soie que je portais dans mon estomac un
lit soyeux, je m'endormis du sommeil du juste. Le
réveil fut terrible. J'avais rêvé les joies de la maternité ; au delà de la mort apparente dans laquelle j'étais plongé, je me voyais déjà papillon,
revêtu d'ailes brillantes, caressant les fleurs, souriant au soleil, quand tout à coup on s'empara de
moi pour me tuer.

« Ce fut horrible, monsieur ! on me plaça au-
dessus d'une chaudière bouillante et on m'étouffa
à la vapeur, sous le prétexte que si on m'avait laissé
librement sortir de mon cocon, j'aurais rongé et
coupé, pour recouvrer ma liberté, tous les brins
de la soie, qu'il eût été par conséquent impossible de filer. Étouffer de pauvres papillons pour
si peu, comprenez-vous cela ? et dire que celui qui
a découvert cette façon de nous tuer à la vapeur a
été proclamé un grand homme !

« Après cette opération cruelle, la coque qui m'avait servi à la fois de lit de repos et de prison, et qui maintenant me servait de tombeau, fut plongée dans une bassine chauffée à **70** degrés. Un brin de ma soie s'accrocha naïvement, dans ce naufrage, à une branche de bouleau qu'une ouvrière lui présentait traitreusement, et à l'aide d'un tour inventé par votre célèbre mécanicien Vaucanson, perfectionné depuis par des industriels lyonnais dont les noms m'échappent, ma soie fut mise en bobine à l'état de fil simple et primitif.

« Puis vint le moulinage, opération qui consista à me tordre et à me réunir à d'autres brins mes compagnons d'infortune. En sortant de cette opération, l'industrie me baptisa d'un nouveau nom, j'étais de l'*organsin ;* pardonnez-moi ce mot technique, c'est le seul que j'emploierai, car la pédanterie n'est pas mon fort. Et cependant comment vous raconter, sans recourir aux mots de la langue industrielle, les mille vicissitudes de ma vie depuis le jour où je fus moulinée jusqu'à celui où, par les efforts du génie, je devins la magnifique pièce de satin rose qui servit à faire une robe et un chapeau à la belle comtesse dont je vous ai parlé déjà ?

« Les teinturiers me prirent, et, par les procédés les plus ingénieux, ils me donnèrent cette adorable nuance qui sera éternellement le symbole et le privilége de la jeunesse et de la beauté. Un pauvre *canut* de Lyon me transporta dans sa chambre, où était dressé son métier, près du lit où sa femme était malade, près du berceau de son enfant. Il me tissa avec une adresse, une patience admirables. Un jour pendant qu'il lançait sa navette en chantant un refrain mélancolique, un homme entra chez lui ; cet homme avait une physionomie fine et intelligente ; il portait à la boutonnière un ruban rouge ; il observa en connaisseur mon tissu, il en loua la finesse et la régularité. « Courage, mon ami, dit-il au canut, tu fais chaque jour de nouveaux progrès. — Tu sais bien, reprit l'ouvrier, que si je vaux quelque chose, c'est à toi que je le dois. » Leur conversation continua ainsi ; l'homme décoré s'approcha du lit de la malade, du berceau de l'enfant ; il porta la joie dans le cœur de ces braves gens. Quand il fut sorti, le canut s'écria : « Quel brave « homme que ce Jacquart ! »

« Lorsque j'eus subi tous les apprêts nécessaires, je fus livré au commerce, acheté, vendu, revendu, jusqu'au moment où la couturière et la modiste s'emparèrent de moi pour parer la jeune femme que vous savez, cette belle Octavie qui a inspiré à votre Béranger un de ses plus beaux chants.

« Une fois transformé en chapeau, après tant de transformations successives, j'eus une existence brillante ; la plus orgueilleuse aristocratie se courba devant moi, je fus le dépositaire de tous les secrets d'État, le confident de toutes les intrigues de la cour. J'assistai à tous les mystères de la toilette de ma rayonnante maîtresse, qui n'eut rien de caché pour moi, et c'est là que j'appris l'influence souveraine des femmes en matière politique. Un ruban de plus ou de moins, une dentelle placée à droite ou à gauche, un pied finement chaussé plus ou moins découvert par l'indiscrétion d'une robe, changent la face des empires. Moi, qui sais tout cela, je ris beaucoup, ici, dans mon coin, des hommes graves qui croient à la futilité des femmes et qui traitent légèrement les questions de toilette. Songez à ceci, monsieur : je n'ai connu que deux hommes d'État vraiment dignes de ce nom, et ces hommes d'État étaient deux femmes. Riez maintenant, si vous voulez, mais rappelez-vous toujours ce que vous a dit le vieux chapeau de satin de la rue Joquelet. »

Je m'éloignais en riant, lorsque le chapeau me rappela : « Je parie, me dit-il, que vous ne savez pas quels progrès a faits en France l'industrie de la soie, depuis l'époque où Henri IV, secondé par Olivier de Serres, voulait affranchir l'industrie française des **100** millions d'impôt qu'elle payait chaque année à l'étranger pour l'achat des étoffes de soie, et où ce roi, le seul dont le peuple ait gardé la mémoire, comme l'a dit un de vos poëtes, faisait planter **15 000** mûriers dans le jardin des Tuileries? La France possède aujourd'hui **20** millions de mûriers et produit un million de kilogrammes de soie filée, ce qui est loin de suffire à à ses **100 000** métiers, qui en consomment chaque année près de trois millions de kilogrammes.

« Grand merci ! — répondis-je d'assez mauvaise humeur. J'étais humilié de voir ce vieux chapeau de satin beaucoup plus fort que moi en économie politique, et il y avait bien de quoi.

IV

VICISSITUDES

D'UN CORSET DE DUCHESSE

IV

VICISSITUDES

D'UN CORSET DE DUCHESSE.

J'ai un ami qui est bien le plus étrange collectionneur que l'on puisse imaginer. Il possède un musée de vêtements qui ont tous appartenu à des personnages plus ou moins célèbres. Je n'énumérerai pas les richesses incroyables de cette collection, unique peut-être, où toutes les époques, toutes les phases sociales, tous les grands événements historiques sont représentés par quelques débris pittoresques, par quelques détails saisissants, depuis une babouche de Mahomet jusqu'au feutre

gris, orné d'une plume d'autruche et d'une co-
carde italienne, que Garibaldi portait au siége de
Rome; depuis une fraise de dentelle qui para les
épaules de Mme de Longueville, jusqu'au corset
dont nous allons raconter les vicissitudes.

Ce corset, qui a emprisonné la taille élégante
d'une des femmes les plus belles, la moins noble
mais la plus spirituelle assurément de la cour de
Charles X, Mme de ***, — nous ne pouvons la dé-
signer autrement, car elle vit encore, — ce corset
pourrait, à lui seul, fournir la matière de vingt
romans et même de quelques drames. Notre ami
est loin d'être un collectionneur vulgaire; c'est
sans contredit un des jeunes hommes les plus intelligents de ce temps-ci, voyageur intrépide,
écrivain éloquent, penseur hardi, artiste par occasion et savant dans ses moments perdus. Dès
qu'il est parvenu à se procurer une portion de
vêtement, un objet quelconque ayant appartenu à
un homme ou à une femme célèbre, — et il a
pour cette chasse singulière une habileté et un flair
prodigieux, — sa tâche, loin d'être finie, commence à peine. Il recherche d'abord toutes les
preuves constatant l'identité du vêtement, puis
tous les faits, tous les documents, toutes les anec-
dotes, tous les renseignements de nature à éclairer

d'une lumière nouvelle l'histoire intime des mœurs, de la société à l'époque où vivait le propriétaire primitif de la relique, de la défroque si l'on veut.

On comprend dès lors l'intérêt qui s'attache à une collection aussi précieuse.

Puisqu'on nous en laisse gracieusement la permission, nous puiserons à pleines mains dans ce trésor, non pour en exhumer les récits scandaleux dont il abonde, mais pour faire connaître à nos lecteurs les progrès miraculeux, les efforts admirables de l'industrie, sans lesquels nous serions encore plongés dans la barbarie la plus noire.

Nous n'avons pas besoin de dire avec quel intérêt et quelle émotion nous avons feuilleté le dossier de ce corset mignon qui semble garder avec complaisance l'empreinte et l'amoureux parfum de l'aimable femme dont il fut le plus mystérieux confident. Que de récits charmants, combien de coquets souvenirs, d'aventures tour à tour tendres ou terribles sont entassées dans ce recueil! Peut-être un jour en détacherons-nous quelques pages; pour le moment, il ne peut être question ici que des vicissitudes industrielles de ce corset dont une guêpe serait jalouse. Nous nous bornons à transcrire.

« Il y avait une fois, dans la plus riche et la

plus fertile province de l'Inde, une princesse belle comme le jour, qui aimait éperdument un simple chamelier, grand et beau garçon qu'elle ne pouvait épouser. Une pareille mésaillance aurait causé un scandale abominable et peut-être même une révolte dans le sein de la noblesse du pays. Mais la princesse était si vivement éprise du chamelier, le chamelier était si passionnément amoureux de la princesse, qu'ils s'entendaient à merveille pour tourner les difficultés et les obstacles que leur opposaient les convenances.

« A peu de distance de la capitale, sur les bords d'un grand fleuve aux flots paisibles, s'épanouissait un petit bois de lentisques, de myrtes et de lauriers-roses dont les fraîches senteurs se répandaient au loin.

« C'était au fond de ce bois embaumé, sur de vertes pelouses, sous un ciel rayonnant, que la jeune fille, accompagnée d'une de ses suivantes, venait chaque jour se promener ; il fallait bien respirer un peu d'air pur ! Les deux amoureux se rencontraient là et roucoulaient ensemble cette éternelle chanson dont le refrain toujours jeune, toujours enivrant, traverse les siècles et monte vers Dieu comme la plus douce des prières. Ce refrain charmant : Je t'aime ! vous l'avez tous murmuré, vous le murmurez tous ; la princesse et le pauvre chamelier, oubliant la distance que les préjugés humains avaient mise entre leurs berceaux, le répétaient avec ivresse.

« Un jour la princesse, retenue au palais de son père par les devoirs de l'étiquette, ne put venir au rendez-vous habituel. Le jeune homme attendit, attendit en vain, et Dieu sait ce qu'est l'attente quand on attend sa belle !

« Parmi les fleurs champêtres qui émaillaient ce lieu de délices, il en était quelques-unes qui s'élevaient au-dessus de toutes les autres. La tige qui les supportait était si frêle, elles inclinaient si gracieusement leurs pétales au souffle de la brise, il y avait dans leur attitude une si amoureuse nonchalance, que le jeune homme les remarqua et les cueillit. Il en fit d'abord une petite gerbe ; puis, l'impatience le gagnant, il tourmenta ces fleurs délicates ; puis il déchira leurs tiges et fut tout surpris de voir que chacune de ces tiges fournissait une quantité considérable de filaments d'une prodigieuse souplesse. Cette fleur, c'était le lin ; ces filaments, c'était le germe des fins tissus que nous portons ; cette découverte allait devenir une des plus précieuses conquêtes du génie humain. Qu'on vienne, après cela, calomnier l'amour et les amants ! Comprend-on que les savants, en plaçant dans leur grimoire cette fleur délicate, d'origine si poétique, aient osé lui donner une dénomination barbare ! ils la classent parmi les *caryophilées*, de la *pentandrie-pentagynie*, et dans leur latin de cuisine ils la nomment *linum usitatissimum*. Qu'est-ce que les fleurs ont donc fait aux savants pour qu'ils les traitent si mal ?

« Les merveilleuses propriétés du lin furent à peine connues, les premières étoffes furent à peine tissées, que de proche en proche et de siècle en siècle la culture de cette plante se répandit dans tous les pays. Suivant sa louable habitude, l'histoire n'a pas conservé le nom du chamelier obscur qui découvrit cette source de richesses ; en revanche, elle nous a transmis avec soin les noms, les faits et les gestes de tous les Tamerlans qui ont successivement dévasté le globe.

« De l'Inde, grâce aux hardis navigateurs hollandais et français, le lin fut transporté dans les régions tempérées de l'Europe et dans les Flandres surtout, où il fut cultivé avec amour et mis en œuvre avec une rare intelligence. Ce fut pour l'industrie européenne une grande et précieuse conquête que celle-là ; mais, comme toutes les conquêtes, elle a coûté fort cher. Les diverses pré-

parations que le lin et le chanvre doivent subir
avant de pouvoir être filés, tordus ou tissés, telles
que le rouissage, le broiement, le teillage, le peignage, etc., ont étiolé et tué d'innombrables générations. Loi fatale! Il n'est pas un seul de nos
progrès qui ne soit souillé de sang humain.

« Qui de nous n'a vu fonctionner la quenouille
et le rouet, modestes attributs des vertus domestiques de nos aïeules? Pénélope filait, Lucrèce
filait, Berthe filait, sainte Geneviève filait. On ne
file plus aujourd'hui, et les industriels s'en plai-
gnent. La mécanique a réalisé le vœu de l'empereur Napoléon Ier, qui avait proposé un prix d'un
million à l'inventeur de la filature du lin. La France
a fait des prodiges sous ce rapport ; mais, par une
étrange anomalie, la science mécanique n'a pu
vaincre en cette circonstance l'habileté de la main-
d'œuvre la plus vulgaire. Les plus fins tissus de
toile, ces batistes légères qui semblent tissées par
la main des fées, ne s'obtiennent que par la filature au rouet, et bientôt on ne trouvera plus de
fileuses. Les femmes de nos départements du Nord
ont l'indignité d'abandonner cette profession qui
exténuait de bonne heure leurs poumons, mais
qui en revanche leur rapportait six, sept et quelquefois jusqu'à huit sous par jour. Les ingrates !

« Les tissus de toile croisés, communément désignés dans le commerce sous le nom de coutils, ayant beaucoup plus de consistance que les tissus de toute autre nature, les dames ne tardèrent pas à s'en emparer pour faire confectionner leurs corsets, invention funeste dont j'ai fini par découvrir le but providentiel.

« Tant que la guerre et la conquête furent le but principal de l'activité humaine, les hommes mouraient par milliers sur le champ de bataille. Les femmes ne se battant pas, il fallut trouver pour elles un élément de destruction aussi sûr, aussi rapide que celui qui décimait les hommes; sans cela il y aurait eu bientôt sur la terre cent individus du sexe féminin pour un du sexe masculin. Mais Dieu, qui n'est pas polygame, souffla à Isabeau de Bavière l'idée de serrer étroitement sa taille dans un corset; cette nouvelle mode fit fureur, et dès lors les chances de mortalité furent égales entre les deux sexes. Les hommes mouraient d'un coup d'arquebuse, les femmes d'un coup de corset, et tout allait pour le mieux dans le meilleur des mondes possible.

« Aujourd'hui que la guerre laisse les hommes croître et se multiplier, les femmes seront bien obligées de renoncer, sinon au corset, du moins à ses abus, sans cela il arriverait avant peu qu'il y aurait dans le monde plus d'hommes que de femmes.

« Le corset de la duchesse de *** fut confectionné par elle-même pendant les premières années de la Restauration avec le premier coutil filé et tissé par des procédés mécaniques. La duchesse était alors tout simplement une des plus jolies et des plus fraîches actrices de Paris. Le corset décida de sa destinée et fit sa fortune. Un grand seigneur étranger la vit, s'éprit de sa taille fine et souple et voulut en faire sa maîtresse ; elle eut assez de sagesse pour résister, tant et si bien qu'elle devint duchesse, duchesse de bon aloi, car elle était belle, bonne, et spirituelle, triple couronne que Dieu réunit rarement sur la même tête. Elle fut présentée à la cour au grand désespoir de quelques marquises vieilles et laides qu'elle fit mourir de chagrin. Un jour, la mort du duc, son noble époux, la laissa en possession de la liberté du veuvage et d'une immense fortune dont elle sut faire un usage très-pimpant.

« Parfois, quand elle n'était environnée que d'amis intimes, elle ouvrait un petit coffret de bois de rose et elle en sortait ce corset de coutil blanc, ce corset dont sa fine taille aurait si bien pu se passer, et qui lui rappelait les plus pauvres mais aussi les plus beaux jours de son étincelante jeunesse. Elle tenait beaucoup à ce corset, et cependant, ô humaine faiblesse!... »

Ici, le manuscrit raconte comment cette partie du vêtement de la duchesse est arrivée dans le musée où nous le voyons aujourd'hui. Nous supprimons cette partie du récit.

Depuis l'époque où l'étoffe de ce corset fut tissée, que de progrès a accompli chez nous cette grande industrie linière, une de nos gloires nationales! La France possède aujourd'hui 105 filatures de lin faisant mouvoir 244 000 broches, et, malgré cela, combien nous sommes loin encore de l'Angleterre, dont la prospérité sous ce rapport, comme sous beaucoup d'autres, date de la révocation de l'édit de Nantes, qui eut pour effet de rejeter à l'étranger nos plus habiles industriels, nos ouvriers les plus intelligents! Ce qui n'empêche pas Louis XIV d'être un grand roi, et le corset de la duchesse d'être un ravissant corset!

V

CE DONT EST CAPABLE

UNE MANCHETTE EN DENTELLE

V

CE DONT EST CAPABLE

UNE MANCHETTE EN DENTELLE.

Par une des belles journées du printemps dernier, en bouquinant, suivant ma mauvaise habitude, dans un magasin de curiosités, je fis la rencontre d'une personne respectable, qui m'apprit
sur la fabrication de la dentelle des détails fort
curieux que j'ignorais et que quelques-uns de
mes lecteurs ne seront peut-être pas fâchés d'apprendre. Ce personnage original est tout simplement une manchette de dentelle jaunie par
le temps comme un parchemin du xıᵉ siècle,

et toute froissée encore, à demi déchirée comme à la suite d'une lutte ou d'un effort quelconque.

En furetant à travers ces antiques merveilles, ces bahuts, ces porcelaines, ces bijoux, ces cristaux de Bohême que la mode remet en honneur, j'avais ouvert un coffret d'ébène massif, incrusté d'arabesques de nacre et d'or. La disposition intérieure de ce petit meuble me frappa ; il était plaqué de bois de rose et exhalait je ne sais quel parfum coquet du règne de Louis XV. Entre ce bois de rose au dedans et l'ébène incrusté au dehors, il y avait un anachorisme de trois siècles.

« Ce coffret a un double fond, une cachette quelconque, dis-je au marchand, en palpant de la main les parois intérieures.

—Non, monsieur, me répondit-il avec aplomb. »

Au moment même je pressai un ressort invisible, et la cachette s'ouvrit, au grand étonnement du marchand. Elle contenait un paquet de lettres soigneusement noué avec un ruban bleu horriblement fané, une tresse de cheveux châtains roidis par le temps, une petite clef de vermeil et la manchette de dentelle dont j'ai déjà parlé.

Je vous laisse à penser si ma curiosité fut soudain éveillée ; je vis là tout un roman mystérieux,

un poëme à déchiffrer, les traces de quelque
grande passion à suivre. Je n'achetai pas le coffret, sous le futile prétexte qu'il coûtait cent écus;
mais le marchand, pour me remercier de ma découverte, consentit à me vendre la dentelle à la
condition que j'aurais le paquet de lettres, la
tresse de cheveux et la petite clef de vermeil par-
dessus le marché.

Ceux qui aiment à remuer la cendre des choses
passées, à raviver une étincelle dans les foyers
éteints, comprendront seuls ma joie en emportant
chez moi ces reliques d'un autre âge, ces débris
oubliés où j'allais peut-être surprendre les secrets
battements de cœurs depuis longtemps glacés par
la mort. L'avare qui compte ses richesses, l'amant
qui tient dans sa main tremblante le billet furtif de
la femme aimée, ne se cachent pas avec plus de
soin que je ne le fis pour dérouler devant moi mon
petit trésor, pour lire ces lettres qu'un singulier
hasard venait de mettre en ma possession.

Je ne m'étais pas trompé. Il y avait là toute une
histoire pleine d'amour et de larmes, dont il était
facile de suivre la trace à travers ces lambeaux de
correspondance qu'une main pieuse avait soigneusement recueillis. Les héros de cette histoire, désignés sous des noms de convention, avaient évi-

demment appartenu à la haute société du règne de Louis XV. Les cheveux, la petite clef, les lettres et le ruban bleu qui les liait, la dentelle elle-même dont la déchirure se rattachait à quelque tendre souvenir, étaient les gages et les muets témoins d'une passion ardente et profonde.

Muets ! je me trompe.

Pendant que je lisais les lettres écrites d'une petite écriture fine et ferme, virile et féminine à la fois, j'entendis tout près de moi un long soupir. Je regardai d'un œil surpris, et je vis la manchette s'étirer comme fait une personne longtemps soumise à une position gênante.

Je lui adressai la parole et elle me répondit avec une volubilité charmante ; mais, je me hâte de le dire à l'éloge des dentelles en général et de ma manchette en particulier, elle refusa obstinément de répondre à mes questions sur l'aventure à laquelle elle s'était trouvée mêlée. J'insistai pour connaître au moins les véritables noms du personnage auquel elle avait appartenu, de la femme qui l'avait si soigneusement recueillie.

« Eh ! monsieur, me dit-elle d'une voix claire et pénétrante, comment ne savez-vous pas que la discrétion est la première et peut-être, hélas ! la seule de nos vertus ? Où en serait le monde si les dentelles révélaient toutes les intrigues d'amour, tous les mystères auxquels elles sont mêlées ? Mais il n'y aurait plus de repos dans les familles, et la société serait ébranlée jusqu'en ses fondements, comme vous dites dans le jargon politique ! Non : je ne divulguerai jamais les secrets tour à tour si doux et si terribles que j'ai recueillis. Mais, si vous le voulez, je puis vous parler de moi, et peut-être penserez-vous que mon histoire n'est pas dépourvue d'intérêt.

— Parlez, lui dis-je, espérant bien lui faire oublier la réserve qu'elle s'était imposée ; parlez, je vous écoute, quoiqu'il me paraisse difficile de m'intéresser à l'origine et à la destinée d'une pauvre petite manchette de dentelle comme vous.

— Ah ! l'ignorant ! reprit-elle avec vivacité, je vous engage, en effet, à parler légèrement de la dentelle ! M. de Voltaire, qui n'était cependant pas un sot, a dit quelque part, dans une de ses plus spirituelles boutades, que le fruit défendu, la fameuse pomme du paradis terrestre ne tenta si fort la mère du genre humain que parce qu'elle contenait probablement un chiffon de dentelle. Il voulait exprimer ainsi l'irrésistible ascendant que j'exerce sur les femmes. La vérité est que mon origine ne remonte pas si haut.

« La dentelle est quelque chose de plus que le signe d'une industrie perfectionnée, elle est aussi le symbole d'une civilisation dans laquelle les femmes sont appelées à remplir un rôle important. Notre tissu frêle et délicat était impossible avec des mœurs grossières et des habitudes brutales. Le jour où les femmes ont porté de la dentelle, la dentelle qui relève et adoucit l'éclat de leur beauté! ce jour-là, elles ont imposé aux hommes une tenue respectueuse qu'ils avaient jusque-là ignorée. Aussi, voyez combien il faut de siècles pour que l'industrie tente cette grande épreuve !

« Ce fut une bergère, ou, si le mot vous paraît ridicule, une paysanne d'Alençon qui, la première, imagina de faire de la dentelle, très-imparfaite d'abord. Elle avait remarqué ces feuilles d'arbres auxquelles l'hiver enlève certaines parties de leur tissu en conservant toutes leurs nervures et toutes leurs fibres. Rien n'est plus gracieux, vous le savez, que ces découpures naturelles. La paysanne, qui passait ses journées à tourner ses fuseaux, eut l'idée de filer son plus beau lin en fils aussi fins que possible, puis elle tressa, enlaça ses fils d'une façon si originale qu'elle forma une dentelle dont elle fit un bonnet pour sa fille. Cette coquetterie maternelle a fait dans la toilette et dans la desti-

née des femmes tout une révolution. Le bonnet
fit l'admiration de tout le pays à plusieurs lieues à
la ronde. Un marchand vénitien, qui passait par là,
offrit d'acheter le bonnet, se fit raconter par la
paysanne la façon dont elle s'y était prise pour
faire ce tissu merveilleux ; puis il partit. En passant par les Pays-Bas, il raconta à quelques personnes la curieuse trouvaille qu'il avait faite ; cette
indiscrétion ne fut pas perdue, et tandis que le
marchand dotait Venise, sa patrie, d'une découverte toute française, la Belgique créait chez elle
cette industrie, la seule qui ait popularisé le nom
des cités où elle fleurit.

« Bientôt il ne fut bruit dans le monde que des
dentelles de Venise, de Valenciennes, de Malines ;
ce fut une fureur ! On vendait un château et bien
d'autres choses, hélas ! pour avoir une coiffure ou
un volant de dentelles. Mais la nécessité de demander aux étrangers ces frêles et charmants produits
auxquels la mode venait de donner une vogue si
prodigieuse, humiliait notre orgueil national.

« Louis XIV, qui n'aimait guère à être tributaire de l'étranger, et que stimulaient d'ailleurs
les coquettes exigences de ses maîtresses, fit un
jour appeler Colbert et lui exprima son désir de voir
la manufacture des dentelles introduite dans son

royaume. Un agent diplomatique fut aussitôt envoyé à Venise, où il embaucha une trentaine d'ouvrières habiles qui vinrent en France. Dans le même temps; un jeune gentilhomme, M. le comte de Marsan, sollicitait un privilége exclusif en faveur de sa nourrice, Mme Dumont, qui, aidée de ses quatre filles, avait monté à Bruxelles un atelier de dentelles très-florissant. Mme Dumont céda aux instances du jeune comte et se décida à transporter son industrie à Paris. Le roi, la reine, toutes les grandes dames de la cour prirent sous leur patronage l'établissement nouveau, dont le siége était au faubourg Saint-Antoine. La manufacture de dentelles reçut le titre de manufacture royale, et eut une garde d'honneur. Le travail de la dentelle fut considéré comme un travail noble, et en peu de temps Mme Dumont eut sous ses ordres un charmant troupeau de deux cents jeunes filles, dont la plupart appartenaient à des familles aristocratiques plus ou moins ruinées.

« Les ouvrages sortis de cet atelier effacèrent bientôt par leur perfection les points de Venise, jusque-là sans rivaux. L'habileté des mains françaises fit merveille, et la coquetterie nationale eut son arsenal. Mais Colbert n'était pas homme à s'arrêter en si beau chemin. Par lettres patentes

du 5 août 1675, il autorisa une dame Gilbert, d'A-
lençon, à fonder dans cette ville, au moyen d'une
avance de 150 000 livres, une manufacture de dentelles dont il assura la durée et le succès par d'autres
lettres datées de 1684, qui frappèrent de prohibition
les dentelles de Venise, de Gênes et de Flandre. »

Les connaissances historiques de cette manchette me morfondaient et m'humiliaient quelque
peu. Je fis bonne contenance cependant; je la pris
sous mes doigts, j'examinai la fine souplesse de
son tissu, l'élégance du dessin.

« Je parie, me dit-elle, en souriant d'un malin
sourire, que vous ne sauriez à première vue indi-
quer mon origine. Suis-je Anglaise ou Française?
suis-je un point de Venise, une *Malines*, une *Valenciennes*, voyons, dites? »

J'avouai mon ignorance.

« Ah! que vous avez tort! reprit la manchette,
qui ne put retenir un soupir profond. Que vous
ne sachiez pas l'histoire d'un produit qui tient
dans l'industrie et dans les préoccupations féminines une si large place, je le comprends à la ri-
gueur; mais que vous ne sachiez pas distinguer
un point d'Angleterre d'une *valenciennes*, dans un

temps où l'on n'arrive à rien, pas même à l'Académie, sans les femmes, c'est tout simplement monstrueux et impardonnable.

« Telle que vous me voyez, je suis Française, je suis précisément un des plus beaux produits qui soient sortis de la fabrique de cette dame Gilbert dont je vous parlais tout à l'heure. J'ai fait fureur autrefois, j'étais un *point d'Alençon* magnifique ; je fus achetée par une des plus belles duchesses de la cour, dont j'ornai longtemps le corsage, place coquette où je pus surprendre tous les battements de son cœur, où je fus initiée à tous les mystères de la coquetterie féminine. Quand les hommes à leur tour mirent des dentelles, ma jeune maîtresse se sépara de moi, me transforma en manchettes et me donna comme gage d'un éternel amour à M. de Richelieu, pour lequel elle daignait avoir quelques bontés. La mode depuis lors, hélas ! a détrôné le point d'Alençon, et la mode en cela n'a fait preuve ni d'intelligence ni de patriotisme. Savez-vous, monsieur, que le fil dont mon tissu est formé, tissu dont la nymphe Arachné serait jalouse, a coûté 4000 francs le demi-kilogramme ? Savez-vous que chaque partie de ce tissu et de cette broderie, le dessin, la piqûre, le tracé, la bride, la couchure, la bouclure, le réseau, le remplis, le fond, le mignon, la brode, les picots, le lavage, l'assemblage, etc., etc., ont nécessité des efforts prodigieux, une habileté de mains incroyable.

« C'est là ce qui a fait mon malheur. Je n'étais accessible qu'aux grandes fortunes ; on a fait des imitations assez habiles, mais qui ne trompent que des yeux inexpérimentés comme les vôtres. De toutes les hypocrisies, la fausse dentelle est la plus odieuse. De mon temps on avait imaginé des dentelles communes auxquelles on donna le nom assez brutal de *gueuses ;* le nom a tué la chose : les *gueuses* ont disparu. La dentelle, qui était le privilége des classes riches, est portée aujourd'hui à peu près par toutes les femmes, et j'en suis enchantée. La dentelle est le signe irrécusable du progrès. Vous avez à Caen, à Bayeux, à Lille, des fabriques importantes qui alimentent le luxe des Espagnoles, des Havanaises, des Mexicaines, des Américaines. Je ne parle pas de Honfleur, de Dieppe, d'Arras, du Puy, d'Armentières, de Bailleul et de tous les centres où se fabriquent des dentelles communes et de fausses valenciennes. Au nom de la vérité, je proteste contre le faux ; je ne l'aime pas, et je vous engage à protester avec moi, car si jamais le monde retourne à la barbarie, ce sera par un chemin tapissé de dentelles de coton.

« J'aime mieux cent fois la blonde, cette dentelle élégante et soyeuse qui fut un instant ma sérieuse rivale, que le reflux de la mode a emportée et que le flux nous ramènera un jour.... Mais je parle de couleurs à un aveugle. Savez-vous seulement ce que c'est que la blonde? savez-vous que les riches départements du Calvados et de la Manche ont occupé pendant longtemps plus de 150 000 ouvriers à cette fabrication qui s'élevait à près de 20 millions de francs par an? Oui, moi, dentelle de pure race, dentelle de lin, reine des dentelles, je regrette la blonde, je regrette cette dentelle originale, qui du moins n'était pas un mensonge, et qui donnait un charme, une douceur incomparables aux plus piquantes physionomies. Mais la fausse dentelle.... ce n'est pas la pauvreté, c'est le vice ! »

Je calmai de mon mieux cette dentelle irritée, en m'étonnant que tant de fiel pût entrer dans l'âme d'une manchette. Je la remerciai et la serrai poliment dans un tiroir à côté de ses vieux compagnons d'infortune : le paquet de lettres, le ruban bleu, la petite clef de vermeil et la tresse de cheveux châtains.

VI

LES ÉPANCHEMENTS

D'UN SOULIER DE SATIN

VI

LES ÉPANCHEMENTS

D'UN SOULIER DE SATIN.

Pauvre petit soulier mignon ! je n'oublierai jamais la tristesse de son sourire et le ton mélancolique dont il me parla. Un soulier de satin qui
parle ! dites-vous, et vous ouvrez de grands yeux
étonnés. Mais pourquoi non ? Est-ce que toute
chose et tout être n'ont pas ici-bas leur parole et
et leur sourire ? est-ce que la fleur, le brin d'herbe,
tout fier de montrer la goutte de rosée qu'il porte
avec orgueil comme un diadème ; est-ce que le
ruisseau, l'arbre, la mer, la pierre, l'insecte, n'ont

pas un mystérieux langage? Tant pis pour les sourds qui ne savent pas entendre ces étranges confidences!

Le fait est que ce soulier de satin a été un de mes bons amis, et que je crois remplir un devoir de cœur et honorer sa mémoire en transcrivant ici quelques fragments de nos conversations intimes. Il est bien entendu que je ne trahirai aucun des secrets confiés par lui à mon amitié: la vie privée d'un soulier de satin, comme celle de la femme dont il a chaussé le pied fin et délicat, est un mur que nulle indiscrétion ne doit franchir.

Lorsque je le rencontrai pour la première fois, il était jeune et charmant, dans tout l'éclat de sa fraîcheur, et aussi, pourquoi ne pas le dire? dans toute la naïveté de ses illusions. Je ne pus m'empêcher de l'admirer et d'éprouver pour lui une inexplicable sympathie. Il était si coquet, si gracieux, si étroit, que je le pris dans mes mains avec affection. Mais, lui? ce fut à peine s'il me remarqua. « Prends garde! me dit-il de sa petite voix fine et deliée comme un chant de fauvette, prends garde de souiller ma fraîcheur. Je vais au bal ce soir; ma belle maîtresse m'attend; j'entends d'ici le frôlement de sa robe éclatante! Adieu! son pied m'appelle! comme je vais le

presser doucement, le caresser avec amour!
comme je vais tourbillonner ce soir avec elle! Que
de compliments je vais recueillir! quelle ivresse!
quelle joie! Tiens, écoute! n'est-ce pas l'orchestre
qui déjà prélude? »

Pauvre petit fou! je m'éloignai de lui avec tristesse. Je le retrouvai le soir au bal; il chaussait en
effet le pied le plus mignon, le plus mutin, le plus
étourdi, le plus rapide que j'aie jamais rencontré.
Nous échangeâmes quelques mots encore dans
l'intervalle de deux polkas, puis il disparut, et je le
perdis de vue complétement.

Le souvenir de mon jeune ami m'obséda pendant
quelque temps; ce souvenir s'affaiblit de jour en
en jour, et j'avais tout à fait oublié cette rencontre, lorsque dernièrement, en longeant la rue
Laffite, absorbé par je ne sais quelles préoccupations, je heurtai, sans le vouloir, une de ces
vieilles femmes qui achètent vendent et colportent
les frivoles épaves des toilettes féminines, robes
flétries, chapeaux fanés, bonnets informes, rubans
froissés, que sais-je?

« Oh! c'est toi! quel bonheur de te revoir! »
dit une petite voix plaintive dont l'accent connu
résonna à mon oreille. Je me penchai, et j'aperçus mon ami le soulier de satin faisant effort pour

sortir de la poche profonde dans laquelle l'horrible vieille femme l'avait englouti en compagnie de débris non moins lamentables. « Je t'en supplie, me dit-il, délivre-moi, sauve-moi ! j'ai à te parler longuement. »

Je vous laisse à penser si mon cœur resta sourd à cet appel. La marchande me donna le soulier de satin en échange de quelques pièces de monnaie, et je me hâtai de rentrer chez moi avec l'infortuné captif, que je venais de délivrer.

Hélas ! dans quel état je le retrouvai ! Le pigeon voyageur de La Fontaine, quand il rentra au logis fraternel, « traînant l'aile et tirant le pied, » après ses funestes aventures, était moins maltraité.

« Tu vois ! » me dit-il en essuyant une larme. J'essayai de le consoler. « Ah ! reprit-il en poussant un soupir, comme tu avais raison ! L'ingrate ! elle m'a délaissé, rejeté le lendemain même de ce bal où tu me vis si brillant. Depuis lors, juge de mon supplice ! j'ai chaussé le pied d'une femme de chambre, qui m'a fait danser des cancans échevelés dans un ignoble bal de barrière. Cette souillure que tu vois là, c'est l'empreinte de la botte d'un carabinier, et de désastre en désastre, je suis descendu jusqu'au bagne dont tu m'as délivré. »

Cette douleur m'allait à l'âme ; j'apaisai de mon mieux et par de douces paroles mon infortuné compagnon, et quand sa première émotion fut calmée, il me raconta son odyssée en termes intraduisibles.

« Je suis né, me dit-il, de parents qui avaient entre eux peu d'analogie. Mon père était un ver à soie, c'est lui qui a filé ce satin dont j'ai été si fier, et j'eus pour mère une jeune génisse au poil fauve qui s'ébattait joyeuse et libre dans les vastes prairies du nouveau monde. Je ne te parlerai pas de mon père, car le volage, après m'avoir donné le jour, se revêtit d'ailes brillantes et tint une conduite bien légère. J'ai rencontré dans ma trop courte carrière des fleurs au cœur tendre qui ont eu beaucoup à se plaindre de son inconstance. Mais ma mère, ma pauvre mère ! un jour, jour fatal ! des cavaliers passèrent dans la prairie ; l'un d'eux jeta un *lasso* autour de son cou pendant qu'elle écoutait avec complaisance les doux propos d'un taureau noir à la tournure élégante. Les cavaliers alors quittèrent leurs montures, plongèrent un large couteau dans le sein de ma mère, puis ils l'écorchèrent et emportèrent sa peau comme un trophée de leur horrible victoire.

« Hélas ! c'est en mourant que ma mère me

mit au monde ; c'est elle qui a fourni le cuir de cette semelle que tu as vue si blanche, si pure, si coquette. Mais avant d'en venir là, avant d'obtenir la faveur dont j'ai joui, avant d'entourer l'adorable petit pied de mon adorable maîtresse que j'aime encore, malgré son ingratitude, que de tortures j'ai subies, que d'atroces souffrances j'ai endurées !

« Je fus d'abord cloué par des nègres sur de grandes planches, et, dans cet état, exposé aux rayons du soleil ; puis on me jeta au fond de la cale d'un navire, et, après une longue traversée, j'arrivai à Marseille. Je restai pendant quelques jours sur le quai, et je me souviens encore avec plaisir que voyant passer auprès de moi les grisettes de ce pays finement chaussées, leurs bas nankin bien étirés sur des jambes fort bien tournées, ma foi ! il me prit un violent désir d'être destiné à chausser le pied d'une jolie femme ! Hélas ! mon vœu n'a été que trop exaucé ! »

Ici encore, un sanglot étouffa la voix de mon jeune ami.

« Allons, petit soulier, lui dis-je, calme-toi et poursuis ce récit qui m'intéresse vivement. »

Je lui disais cela, bien entendu, pour le consoler et l'encourager.

« Des portefaix, reprit-il, me placèrent sur une vile charrette, et je fus conduit dans une tannerie, où des barbares m'ont fait souffrir le martyre.

« On me relégua dédaigneusement au fond d'une grande cuve, ou plutôt d'une fosse, comme ils disent, dans laquelle était préparée une couche de tan. Triste couche pour moi qui rêvais le tapis moelleux des riches salons, les parquets glissants, et les plus petits pieds de femmes pour oreiller ! On me recouvrait d'un linceul de tan qui me pénétrait ; puis, quand j'avais absorbé cette substance, on me plongeait dans l'eau à l'aide de grands crocs, et on me rejetait dans la fosse, où j'étais de nouveau recouvert de tan, toujours du tan, et ainsi de suite pendant deux mortelles années ! Comprends-tu qu'avec tous les progrès de vos sciences, les hommes aient été réduits jusqu'ici à mettre deux ans pour préparer leurs cuirs, qu'ils appliquent à tant d'usages ? Aussi, voyant que les savants restaient muets, un simple industriel s'est mis à l'œuvre, et il vient de découvrir un moyen bien simple de préparer parfaitement en quelques jours les cuirs dont toutes vos industries ont si grand besoin.

« Mais je te raconterai cela tout à l'heure. sais-tu seulement ce que c'est que le tan ? Ne réponds pas ! je vois dans tes yeux que, sur ce point comme sur bien d'autres, tu es ignorant comme une carpe.

— Merci ! fis-je en souriant.

— Je sais, moi m'ais ma science me coûte cher. Le tan, c'est tout simplement de l'écorce d'arbre réduite en poudre. Les hommes, souverains cruels, qui font de la nature entière un tributaire obéissant, s'emparent d'un bel arbre, orme, bouleau, chêne châtaignier, etc., ils le dépouillent de sa rude enveloppe, la font sécher, la pulvérisent ensuite, et cette poudre, qui contient un principe astringent, le tannin, a la propriété de changer la peau en cuir, c'est-à-dire de lui donner un tissu plus pesant, plus solide, plus souple, beaucoup moins altérable par les intempéries de l'air, et imperméable à l'humidité. Mais que d'écorces d'arbre il faut à vos cuirs ! Pour en tanner une livre seulement, il ne faut pas moins de 2 à 2 kilogrammes 1/2 d'écorce. Les forêts n'y suffiront pas.

« Admire ce prodige de mes transformations je tiens de la nature végétale autant peut-être que de la nature animale. Je t'ai dit que ma mère était une génisse ; j'aurais pu dire aussi que je suis le fils d'une écorce de hêtre sur laquelle deux amants avaient peut-être gravé en un jour de bonheur des initiales qu'ils croyaient éternelles. Où sont les amants, hélas ! où est leur chiffre ? où suis-je moi-même? »

Il s'arrêta un instant et sembla plongé dans un abîme de réflexions, ce dont un soulier de bal m'avait paru jusqu'ici incapable. Fiez-vous donc aux apparences !

« Que te disais-je? reprit-il en revenant à lui. Enfin, après ce long exil et cette douloureuse préparation, quand je me fus assimilé une quantité convenable de tannin, on me vendit à un corroyeur, qui m'emmagasina bel et bien, puis me revendit à un ouvrier, lequel me polit, m'amincit, me frappa à coups de marteau, me perça de mille trous avec son alène, puis me façonna sur l'empreinte du joli petit pied que tu sais et dont je garderai l'éternel souvenir. Ce fut mon premier jour de bonheur ! Quelle joie profonde, et comme mon cœur battit quand j'arrivai chez ma maîtresse ! Elle me tint d'abord dans sa main, me regarda avec amour, et j'avoue qu'à ce moment j'éprouvai un sentiment d'inexprimable jalousie : au lieu d'être soulier j'aurais voulu être le gant destiné à recouvrir cette main fluette et douce. Mais, non ! son pied était plus gracieux encore! D'ailleurs, les destinées du gant n'ont pas été plus heureuses que les miennes ; il a été rejeté le lendemain du bal, lui aussi, et, dans son dépit, il m'a raconté toutes les tendres et amoureuses pressions qu'il avait ressenties pendant la valse.

« Je te parlais tout à l'heure d'un progrès très-important qui vient d'être réalisé, grâce auquel la préparation des cuirs se fera désormais avec une grande promptitude. Ce ne sont pas les savants qui auraient songé à nous épargner ces longues souffrances, eux qui piquent les insectes et font mourir les fleurs dans leurs herbiers ! C'est un simple tanneur de Strasbourg, qui a eu l'idée fort simple de rendre mobile la fosse dans laquelle se fait la préparation dont je t'ai parlé, et où j'ai séjourné pendant deux ans. Au lieu de jeter peaux dans cette fosse et d'attendre qu'à force de tannin elles se soient transformées en cuir, il les place dans un immense tonneau qui tourne sans cesse, mû par une force hydraulique ou autre, et ce mouvement fait plus en un jour que l'immobilité en un mois.

« C'est l'œuf de Colomb, comme tu vois. Eh bien ! cette simple transformation va révolutionner toutes les industries du cuir. C'est un des progrès économiques les plus considérables qui aient été depuis bien longtemps accomplis.

« Ah ! reprit-il en devinant ma pensée, tu me regardes avec étonnement, tu n'en reviens pas de voir ce petit être frivole et dédaigné descendre des hauteurs de la fantaisie à des considérations économiques. Mais sache que je suis plus fort que toi sur ce terrain et que si je voulais m'en donner la peine j'écrirais des premiers Paris aussi ennuyeux que les tiens.

« Sais-tu seulement que les peaux de bœufs, de vaches, de chevaux, etc., qui entrent chaque année dans ces fosses mobiles et infectes, se comptent par centaines de millions de kilogrammes et par centaines de millions de francs? Sais-tu qu'une peau coûte trois fois plus cher en sortant de la fosse après l'absorption du tannin qu'elle ne coûtait avant d'y être entrée, et que par cette méthode si ingénieuse, le prix de revient des cuirs baissera dans d'incalculables proportions, puisqu'il ne sera plus nécessaire d'engloutir et d'immobiliser des capitaux considérables dans ces fosses immondes dont la disparition prochaine me réjouit, non pour moi, qui, je l'espère, n'aurai plus à traverser de pareilles épreuves et qui aspire à devenir un jour papillon comme mon père, mais pour la malheureuse espèce à laquelle j'ai appartenu ?

« N'est-ce pas triste de penser que dans un pays

comme la France la plupart des habitants consi-
dèrent une paire de souliers comme un objet de
luxe et ne s'en parent que le dimanche, et encore
j'ai vu des paysans qui, se rendant de la campagne
à la ville voisine, marchaient pieds nus, et portaient
leurs gros souliers à la main de peur de les user ?
Fi ! et vous vous croyez civilisés ! J'espère bien que,
plus tard, à la suite d'autres pérégrinations, je
trouverai les hommes bien changés et bien amé-
liorés, car, en vérité, aujourd'hui, n'étaient vos
femmes qui sont bien, quand elles sont bien ! l'humanité me semble peu désirable.

« En attendant mieux, la réduction qui va s'o-
pérer dans le prix des cuirs, par suite de la révolution très-heureuse et très-intelligente dont je
t'ai parlé, permettra à un plus grand nombre
d'hommes de se chausser, et je m'en réjouis, car
enfin, pour être soulier de satin, on n'en a pas
moins un cœur. Et puis je ne saurais jamais oublier tout ce que j'ai souffert, ayant la délicatesse
que tu me sais, dans cette affreuse fosse stagnante.
Puissent mes compagnons échapper à ce supplice !
ils devront à ce bon Strasbourgeois un beau
cierge. »

J'ai quelques amis de ce genre ; j'ai vécu, vous le
savez, dans l'intimité d'une robe de mousseline ;

j'ai eu beaucoup d'affection pour un vieux chapeau rose qui m'a aussi conté ses aventures ; j'ai eu de très-longues conversations avec un corset de duchesse, avec une dentelle charmante dont l'esprit m'a beaucoup amusé ; je suis lié de la plus étroite amitié avec des fleurs qui daignent avoir pour moi quelque estime ; mais j'avoue que je n'ai jamais rencontré d'être plus loquace que ce soulier de satin, excellent être au fond, et auquel il sera beaucoup pardonné, parce que, entre nous, il a beaucoup aimé. La discrétion et la réserve dont je ne puis me départir, ne me permettent pas de raconter ici tout ce qui s'est passé dans ce jeune cœur si impressionnable ; mais je dois le déclarer hautement, à l'honneur des souliers de femme en général et de mon ami le soulier de satin en particulier, je n'aurais jamais cru que les chaussures féminines fussent capables de tant de délicatesse et de sensibilité.

VII

LES CONFIDENCES D'UNE PERLE

VII

LES CONFIDENCES D'UNE PERLE.

Les poëtes et les romanciers ont chanté le départ du conscrit, le départ du marin, le départ
pour la chasse, pour la pêche, pour la moisson,
pour la vendange, celui du jeune et beau Dunois
pour la Syrie, celui de Malbrough qui s'en *vat* en
guerre. Je n'ai jamais lu un chapitre de roman,
un poëme, un sonnet exclusivement consacrés à
la peinture d'un départ bien autrement poétique,
bien autrement gracieux surtout que celui de

Malbrough et de Dunois, je veux parler du départ
pour le bal.

Vous êtes dans un salon, les lustres étincellent,
les fleurs courent en guirlandes, en bouquets le
long des murs, l'orchestre prélude en accords en-
traînants, les portes s'ouvrent à deux battants et
livrent passage à des femmes peu vêtues sans doute,
mais vêtues, pour si peu que ce soit, avec une élégance, une richesse, un goût exquis. N'allez pas
croire au moins que je blâme cette charmante habitude qu'ont prise les femmes de dévoiler et de livrer
aux regards tout ce que la plus stricte pudeur ne
défend pas de cacher aux yeux des indifférents.
A ce propos, que mon spirituel collaborateur et ami
Alphonse Karr me permette de le lui dire : il a
entrepris contre la toilette des femmes une croisade qui n'a pas le sens commun. Elles vont au
bal, à l'Opéra, aux Italiens, en soirée, dans un
costume léger ; elles montrent leurs bras, leurs
épaules le plus possible ; elles nous font à nous,
simples mortels, cette gracieuseté, et vous, censeur
morose, ou du moins censeur vertueux, vous leur
en faites un crime. Mais si ce spectacle déplaît, si
l'on trouve que

> Par de pareils objets les âmes sont blessées,
> Et cela fait venir de coupables pensées,

il est bien simple de détourner la tête et de ne pas
regarder. Mais je m'aperçois que je suis en pleine
digression, et je rentre dans mon sujet.

Je disais que lorsqu'ils voient arriver au bal ces
jeunes femmes qu'un cri d'admiration accueille,
les hommes, pour la plupart, ne se doutent guère
des efforts d'imagination et de génie, de l'activité
prodigieuse, des émotions, de la fièvre qui ont
précédé ce triomphe éphémère ; de tout ce que
l'on a combiné, enduré, souffert, dépensé de temps
et d'argent pour obtenir ce murmure d'approbation qui est plus doux à l'oreille d'une femme que
la plus suave harmonie. C'est là ce qu'on n'a point
décrit. La coiffure, les fleurs, le soulier de satin
blanc, la robe, les bijoux, les bracelets, les gants,
puis la pelisse jetée avec tant de précautions sur
toutes ces merveilles, puis les brodequins de flanelle enveloppant ces petits pieds, puis toute la
maison en émoi, les grands parents en extase, les
serviteurs haletants, la voiture trop étroite pour
recevoir ces flots de mousseline, de soie, de dentelle, que de têtes de chapitre dans cette froide no-
menclature !

Nous assistions naguère en famille à un de ces
départs majestueux. La jeune femme roulait autour de son bras un collier de grosses perles. Tout

à coup le fil se brisa ; les grains, pareils à des collégiens en vacances, s'échappèrent joyeusement et bondirent sur le tapis. Je ramassai une de ces perles, qui produisit entre mes doigts un effet étrange ; elle frétillait, s'agitait dans ma main comme si elle eût été piquée de la tarentule. Je la considérai attentivement ; elle prit aussitôt je ne sais quelle bizarre forme humaine qui me rappela celle de la fée aux Miettes que Charles Nodier, ce charmant esprit ! a immortalisée.

« Je suis un peu sorcière, moi aussi, me dit-elle en souriant, comme si elle eût deviné ma pensée. Mais rassurez-vous, ce n'est pas un conte de fée que je veux vous raconter ; ma sorcellerie est de bon aloi ; quiconque a beaucoup vu, beaucoup observé, beaucoup retenu, peut être sorcier à ma façon. Or, j'ai beaucoup vu et beaucoup observé depuis que j'existe, et je ne date pas d'hier, car je suis contemporaine du globe lui-même. J'ai assisté à tous les grands cataclysmes qui ont successivement changé la face de la terre. J'ai passé par toutes les phases de la création ; j'ai bouillonné à l'état de fusion dans les flancs de la vieille Cybèle. Portée à la surface du sol par les révolutions géologiques, j'ai été broyée, brisée, dispersée par les vents, entraînée par les eaux dans les profondeurs des montagnes ; sans cesse combinée avec des substances ou des corps différents, j'ai été tour à tour caillou obscur, minerai de fer, parcelle d'or, pierre précieuse. J'ai vu s'agiter et j'ai entendu hurler autour de moi toutes les passions, toutes les colères, toutes les luttes de l'humanité.

« Après avoir épuisé toutes les séries du règne minéral, Dieu m'a conviée à d'autres destinées. Précipitée au fond des mers, j'y suis devenue perle, ce qui est le plus haut degré de développement de la matière inorganique et cependant vivante, vivante comme est vivant tout ce qui est en Dieu, et tout est en lui ! Maintenant j'aspire à une nouvelle existence ; je vais bientôt entrer dans le règne végétal. Ah ! monsieur, être fleur ! respirer, s'épanouir au soleil ! recevoir les baisers de la brise matinale, ouvrir sa corolle pour y abriter les perles de rosée ! aimer enfin de ce mystérieux amour des fleurs, amour passionné, plein de voluptueuses ivresses auxquelles votre vieux bonhomme de Platon n'a rien compris, être fleur, vivre en plein air ! Comprenez-vous ce bonheur et ne trouvez-vous pas tout naturel que j'y aspire de toutes mes forces ? »

J'ouvrais de grands yeux, j'écoutais ébahi ce langage qui eût certainement fait rougir M. Tartuffe. Je me demandais comment une perle, qui jusque-là m'avait paru appartenir à la famille des bijoux honnêtes et modérés, pouvait se laisser aller à de pareils écarts d'imagination.

« Chère perle, ma mie, lui dis-je de ma voix la plus douce et la plus câline, modérez-vous! Songez que je suis un citoyen paisible, et que si un écrivain pudibond, comme il y en a tant, venait à vous entendre, je serais gravement compromis. Vous parlez de l'amour avec une verve qui scandaliserait de chastes oreilles. Parlez-moi de vous, je le veux bien, mais non de vos billevesées d'avenir, de transformation, de progrès, toutes choses qui ne sont pas auprès de moi en parfaite odeur de sainteté.

— Puisque vous le voulez, dit-elle, changeons donc de sujet de conversation. Savez-vous ce que je suis, moi perle véritable et précieuse? Savez-vous ce que sont les perles fausses?

— Hélas! repris-je, un grand philosophe, qui savait tout ce qu'il était possible de savoir en son temps, disait que ce qu'il savait le mieux c'était qu'il ne savait rien. J'en suis là.

— Tant mieux, dit la perle en sautillant et en poussant un petit cri de joie, tant mieux! Mon histoire va vous intéresser alors.

« L'huître jouit chez vous d'une très-mauvaise réputation ; je reconnais bien là l'ingratitude des hommes ! Du coquillage dont ils sont le plus friands, ils devaient faire le type de la bêtise, c'est tout simple. L'huître est cependant un des hôtes les plus intelligents, les plus susceptibles d'éducation du vaste Océan. Et si l'huître n'était pas intelligente autant qu'elle est bonne, pourriez-vous la manger ?

— Bah ! » fis-je. Ce bah ! scandalisa mon interlocutrice.

« Il me serait facile, dit la perle, de vous citer des milliers de preuves de l'intelligence de l'huître et de son dévouement désintéressé à l'espèce humaine ; mais je ne veux vous raconter qu'un seul fait. Les huîtres sont éminemment sociables ; elles ne vivent jamais seules, elles se réunissent et forment des nations compactes que vous désignez sous le nom de bancs.

« Lorsque les pêcheurs arrivent et font des masses d'huîtres prisonnières dans de vastes parcs, l'huître n'est pas familiarisée encore avec l'idée qu'elle est destinée à faire les délices de vos tables. Il faut d'abord lui enseigner cela ; il faut, pour qu'elle arrive fraîche et vivante dans vos halles, sur vos marchés les plus éloignés, il faut lui apprendre à conserver son approvisionnement d'eau sans lequel elle mourrait et se corromprait en quelques heures.

« L'huître apprend tout cela parfaitement. Voici comment le pêcheur fait cette curieuse éducation : il prend une certaine quantité d'huîtres et les met à sec, entièrement à sec. Les huîtres, jeunes et naïves comme des bergères de Florian, se sentent à peine hors de leur élément natal, qu'aussitôt elles ouvrent un large bec pour respirer ; leur provision d'eau s'échappe soudain. Ces infortunées sont alors en proie à un tourment affreux que les anciens ont immortalisé en imaginant la fable de Tantale. Au fond, Tantale n'était qu'une huître dont on voulait faire l'éducation. Les huîtres se désolent. De l'eau ! de l'eau ! disent-elles, nous mourons de soif !

« Le pêcheur leur répond alors par un effroyable ricanement et il leur tient à peu près ce langage : « Chères petites huîtres, vous êtes destinées à « un bien grand honneur : vous serez croquées un « jour par mesdames les bourgeoises et messieurs « les bourgeois de Paris et autres lieux circon- « voisins. Mais pour mériter cet honneur insigne, il « faut que vous contractiez l'habitude de ne pas « respirer, de conserver votre provision d'eau pen- « dant deux, trois, quatre jours au besoin. » Les huîtres, qui ne comprennent pas encore le patois bas-normand, continuent à avoir la bouche béante et crient : De l'eau ! de l'eau ! Le madré pêcheur les observe avec soin, et, quand il les voit près d'expirer, il ouvre sa digue et inonde les huîtres du flot amer. « En voilà assez pour aujourd'hui, « leur dit-il en les quittant. A demain ! »

« Le lendemain arrive. Le professeur retourne à son parc. « Attention ! dit-il, la leçon va com- « mencer ! » Il fait écouler l'eau et voilà de nou- veau les huîtres à sec. Cette fois, les plus spiri- tuelles conservent leur provision ; les autres, qui n'ont pas compris la leçon de la veille, — et c'est la grande majorité, — ouvrent leurs coquilles, laissent par conséquent échapper leur provision et poussent des cris de détresse. « Chères élèves, « dit alors le professeur, toujours en patois bas- « normand, j'ai eu l'honneur de vous révéler dans « la séance d'hier les hautes destinées auxquelles « vous êtes promises. Je vois avec plaisir que j'ai « été compris par quelques-unes d'entre vous. Que « les autres mettent à profit mes sages conseils, ils « sont dictés par une affection toute paternelle ! » Les huîtres commencent alors à comprendre. Le professeur, fidèle au principe « Qui aime bien châtie bien ! » les laisse souffrir de la soif pendant

le plus longtemps possible, et quand elles sont à
bout de forces, il les rend à l'élément natal ; puis
il s'éloigne en sifflant la complainte de Fualdès.

« Il recommence sa leçon le lendemain, et ainsi
de suite jusqu'à ce que toutes les élèves restent
bouche close pendant trois, quatre heures. Quand
il est bien convaincu que toutes ses huîtres ont
terminé leur éducation, il les entasse dans des
bourriches, les couronne de paille et les expédie
avec orgueil à Paris et dans tous les grands centres de population, où vous les avalez, mortels
que vous êtes, sans vous douter des efforts intel-
lectuels de cet intéressant mollusque dont vous
avez fait cependant un type de bêtise. O ingratitude humaine !

« Mais ce n'est rien que cela. L'huître vous
donne la perle, elle partage cette haute fonction
sociale avec les *patelles*, les *moules* et les *oreilles de
mer*. Moi qui vous parle, je suis venue au monde
dans une patelle, un charmant coquillage, ma
foi ! J'ai beaucoup connu dans les profondeurs de
l'océan Indien, parmi les coraux, les algues mari-
nes et les madrépores étincelants, la plus célèbre, la
plus belle, la plus pure des perles. Nous étions
liées d'une tendre amitié. Elle était d'une beauté
si parfaite, si étincelante, qu'un jour Neptune ar-

riva parmi nous en brillant équipage ; son char était traîné par huit baleines attelées à la Daumont et conduites par des tritons en grande livrée. « Présentez-moi, dit-il à son grand chambellan, « cette perle rare dont on m'a tant parlé ! » Le grand chambellan s'inclina respectueusement, puis il vint près de ma radieuse compagne, lui offrit sa main et la présenta à Neptune. Le dieu fut ébloui de tant de beauté ; rassemblant autour de lui toute sa cour : « Je veux faire aux hommes, leur dit-il, un « cadeau divin ; je veux leur révéler la beauté splen- « dide, éternelle. Perle, ajouta-t-il en se tournant « vers ma sœur, tu seras femme ; femme, tu porte- « ras le nom de Vénus ; Vénus, tu auras un fils qui « sera le souverain du monde ! » et aussitôt frap- pant de son trident les profondeurs du sol sous- marin, il transfigura la perle devenue femme, et il la fit jaillir de l'écume des flots aux yeux de la terre entière, qui battit des mains et salua sa reine. « Va, lui dit Neptune, va t'asseoir près des dieux « immortels, et surtout sois coquette! » Vénus alors dénoua sa longue chevelure et prit possession de son royaume.

« Depuis ce mémorable événement, reprit ma sorcière, l'ambition a tourné la tête de toutes les perles. Toutes, nous avons plus ou moins rêvé un destin analogue. Mais plus nous avons fait d'efforts pour embellir et plus nous avons perdu de nos charmes. C'est de la naissance de Vénus que datent les perles mal arrondies désignées dans le commerce sous le nom de *baroques*. Vous n'ignorez pas que notre valeur dépend de trois conditions essentielles : la *forme*, qui doit être parfaitement ronde ; l'*eau*, c'est-à-dire la couleur, qui doit être d'un blanc légèrement azuré ; et enfin l'*orient*, c'est-à-dire ce chatoiement nacré, cet éclat doux et profond qui fait de la perle le plus gracieux trésor des parures féminines.

— Ne vous gênez pas, lui dis-je, parlez de vous franchement, comme si vous n'étiez pas là. »

La petite vieille fit un haussement d'épaules.

« Laissez-moi donc avec votre fausse modestie humaine ! reprit-elle ; il n'y en a pas une et pas un de vous qui ne pense d'elle-même et de lui d'autant plus de bien que les convenances l'empêchent de le dire tout haut. Osez affirmer le contraire !

« Je poursuis.

« La substance dont je suis formée et qui n'est autre chose que la concrétion du coquillage, comme la soie est la concrétion du ver, cette substance est fort commune : c'est la tenture dont les huîtres, les patelles, etc., etc. ornent l'intérieur de leur demeure. Cette substance abonde, c'est ce que vous appelez la nacre. Mais parfois le mollusque est trop riche, trop fécond, il continue à produire, même après qu'il a tapissé sa demeure. C'est alors que la substance nacrée se concentre sur un point, s'arrondit, grossit; c'est cet excédant de richesse qui produit la perle. Lorsque j'ai quitté l'Océan, ma verte patrie, une moule voyageuse, qui arrivait du golfe Persique, nous assurait qu'elle avait laissé dans les chaudes mers du Japon, aux îles Philippines, à Ceylan, dans les mers qui baignent les côtes de l'Arabie et la presqu'île occidentale de l'Inde, plusieurs millions de perles magnifiques. Quelle riche moisson pour les plongeurs ! si vous saviez....

— Dites donc, chère petite fée, il est tard, ou plutôt il est de bonne heure. L'aube blanchit ma vitre, je meurs de sommeil, et vous seriez la perle des fées, autant que la fée des perles, si vous vouliez bien remettre à demain la suite de ce récit qui m'intéresse.

— Va pour demain, » dit-elle, et elle reprit aussitôt sa forme gracieuse, son eau si pure, son orient aux reflets merveilleux.

VIII

LA PERLE

ACHÈVE SES CONFIDENCES

VIII

LA PERLE

ACHÈVE SES CONFIDENCES.

« A demain ! » m'avait-elle dit. Je vous laisse
à penser si le lendemain je fus exact. La perle me
sut gré de cet empressement ; elle avait déjà re-
pris sa forme étrange de la veille ; décidément
elle ressemblait à la fée aux Miettes.

« Je vous demande pardon, lui dis-je, de
vous avoir si brusquement interrompue hier, mais
me voici tout oreilles. Vous alliez, je crois, me raconter les travaux, les souffrances des plongeurs

intrépides qui vont vous recueillir au fond des mers, vous qui....

— Oh ! pas de madrigal, s'il vous plaît, mon cher ami, et ne vous mettez pas en frais d'imagination, reprit-elle de sa petite voix aigre et railleuse. Il n'y a rien de poétique et de charmant en tout ceci, et vous allez en juger. La pêche des perles ou plutôt des huîtres perlières auxquelles vos savants ont donné le nom plus ou moins chinois de *meleagrina margaritifera*, cette pêche n'est ni un poëme ni une idylle : c'est une affaire très-positive et une rude affaire. Je me souviens qu'à Ceylan, le gouvernement anglais, qui s'entend fort bien en chiffres, a parfois affermé la pêche jusqu'à 120 000 livres sterling, c'est-à-dire trois millions de francs si je ne me trompe, et cela pour une seule saison. Et si vous vous imaginez qu'on cueille la perle au fond des mers avec autant d'agrément que l'on cueille des fleurs dans un parterre, vous vous trompez. Cette pêche est un combat, combat terrible qui coûte la vie à d'innombrables créatures humaines.

« Aussi, parmi ces populations asiatiques si ignorantes encore et si superstitieuses, l'ouverture de la pêche aux perles est-elle précédée de cérémonies bizarres, de sortiléges, d'ablutions, d'invocations étranges à tous les dieux de la mythologie indienne. Les plongeurs, pareils aux gladiateurs antiques qui saluaient César avant d'aller mourir dans l'arène, inclinent leur front devant des divinités inconnues, avant d'aller combattre un ennemi plus terrible que le lion ou le tigre du Cirque; cet ennemi, c'est l'Océan lui-même. Va, plongeur audacieux, dis adieu au sol natal, à ta famille en pleurs, à ta vieille mère désolée! ne faut-il pas que les blanches odalisques dans leur harem, les femmes européennes dans leurs fêtes, se couvrent de riches parures !

« Au jour marqué, les barques s'éloignent du rivage et se dirigent sur des points à l'avance déterminés. Le plongeur ceint ses flancs d'une ceinture à laquelle est attachée une corde dont ses camarades gardent l'extrémité, afin de pouvoir, au besoin, et en cas d'accident, le ramener à la surface du gouffre. Il porte sous l'aisselle une sorte de besace en cuir destinée à recevoir le produit de sa pêche; il tient suspendu à un de ses poignets un large couteau à deux tranchants qui lui servira à détacher les huîtres ou à se défendre contre les monstres sous-marins.

« Il prie, puis il s'élance, à la garde de Dieu! Combien ne sont pas revenus de ce voyage périlleux ! Si le plongeur est habile, il peut rapporter dans sa besace jusqu'à 150 huîtres, et dès qu'il sent s'épuiser ses forces, il remonte, dépose à bord sa provision, reprend haleine et recommence jusqu'à ce que le sang jaillisse par ses yeux, par sa bouche, par ses narines, par ses oreilles.

« Quand cette laborieuse journée est finie, les barques vont déposer à terre leur riche cargaison ; les huîtres sont jetées pêle-mêle dans de vastes enclos soigneusement gardés, et on les laisse là pendant huit à dix jours jusqu'à complète corruption. Vous voyez que je n'avais pas tort de vous dire qu'il n'y avait rien de très-poétique en tout ceci. On jette alors ces huîtres corrompues dans de grands réservoirs remplis d'eau de mer, on lave avec soin les écailles, on met de côté celles qui portent à l'intérieur la précieuse excroissance, et on les livre ensuite à des ouvriers spéciaux chargés de détacher la perle, opération délicate qui exige une adresse, une sûreté de main extraordinaires.

« Quand les perles sont détachées, on les classe par grandeurs, par qualités, on les perce, on les réunit en chapelets, et le commerce s'en empare alors pour transporter cette merveilleuse parure

partout où les coquetteries féminines la con-
voitent, c'est-à-dire sur tous les points du globe. »

J'avais remarqué déjà à diverses reprises que
cette petite sorcière affectait de parler avec une
sorte de dédain suprême de la passion, très-légitime à mon avis, avec laquelle les femmes recher-
chent tout ce qui peut orner leur toilette, rehaus-
ser l'éclat de leur beauté. Je le lui fis observer.

« Vous vous trompez, me répondit la perle :
de même que je serai fleur bientôt, de même aussi
un jour j'espère bien être femme, et je ne suis
pas malavisée à ce point que de tirer sur mes
troupes. Les femmes ont cent fois raison d'aimer
le luxe : c'est à ce goût, même désordonné, que
sont dûs les progrès, les grandes découvertes. Où en
serait l'humanité, mon Dieu ! si les femmes, comme
Ève après sa faute, n'avaient pour toute parure
qu'une guirlande de feuilles de figuier ! Mais il
me semble que les femmes, sans cesser d'aimer le
luxe, pourraient, grâce à leur influence toute-
puissante, passionner les hommes pour toute idée
généreuse, pour tout noble but, et c'est ce qu'elles
négligent un peu trop. Mais ceci m'éloignerait de
mon sujet.

« Tenez on ne peut pas être perle sans connaître sa Cléopatre sur le bout du doigt, car on vous
a appris à tous, sur les bancs du collége, qu'un
jour Cléopatre, qui fut sans contredit la plus
femme des reines, comme elle a mérité aussi par
sa beauté, par son intelligence, par ses amours,
ses défauts mêmes, d'être appelée la reine des
femmes, qu'un jour Cléopatre, dis-je, eut la fantaisie de détacher une perle d'une grande valeur
qu'elle portait suspendue à son cou, de la faire
dissoudre dans quelques gouttes de vinaigre et de
la boire. Vous n'avez jamais ajouté foi, je l'espère,
à cette fable absurde. Cléopatre était une femme
bien trop distinguée pour commettre une pareille
profanation digne tout au plus d'une grisette parvenue. Mais la belle et impétueuse souveraine, qui
savait par cœur tous les poëtes, qui s'était assimilé
toutes les connaissances de son temps, qui parlait
en leur propre langue aux Éthiopiens, aux Hébreux,
aux Arabes, aux Syriens, aux Mèdes, aux Parthes,
aux Troglodytes, Cléopatre aurait gaiement sacrifié
dix provinces et son vaste empire tout entier comme
elle sacrifia sa vie, plutôt que de détruire un bijou
sans pareil qui l'embellissait aux yeux d'Antoine.

« La vérité, c'est que cette perle célèbre fut
donnée à Antoine, et plus tard elle fut, en guise

d'*ex-voto*, suspendue au cou de la statue de Vénus Anadyomène. Perle sur perle !.

« Puisque je vous parle de Cléopatre, permettez-moi encore un mot. On a très-vivement reproché à cette femme illustre d'avoir essayé sur des esclaves la puissance des poisons qu'elle avait fait préparer pour son propre usage. On a dit à ce sujet bien des folies. Dans ce temps-là, tuer un esclave ce n'était pas même une peccadille. Le Christ allait venir pour enseigner au monde ce qu'il ignorait, la fraternité humaine. Je me souviens de cette époque comme si c'était d'hier, bien qu'il y ait déja dix-huit siècles écoulés depuis lors, et j'entends encore d'ici toutes les injures proférées par la haute société romaine contre ce novateur, ce perturbateur qui prétendait que l'esclave était fils de Dieu au même titre que son maître, et que l'esclavage constituait une propriété immorale qu'il fallait détruire.

« Cléopatre donc faisait mourir sans scrupule ses esclaves, elle avait cela de commun avec tous ses contemporains ; cela n'a pas empêché Plutarque de reconnaître qu'elle avait un heureux naturel. La phrase vaut d'ailleurs la peine ou le plaisir d'être citée tout entière : « Il y avait dans toute sa « personne, dit-il, un attrait auquel il était impos-

« sible de résister. Les agréments de sa figure,
« soutenus des charmes de sa conversation et de
« toutes les grâces que peut relever un *heureux*
« *naturel*, laissaient dans l'âme un aiguillon qui
« pénétrait jusqu'au vif. »

« Dieu sait comment ce pauvre Antoine se trouva
enveloppé par cette séduction irrésistible ; son armée, l'ambition d'Octave, son avenir, sa femme
Fulvie, qui, à Rome, pendant l'absence de l'infi-
dèle, luttait contre César lui-même, Antoine ou-
blia tout pour l'amour de Cléopatre et l'histoire l'a
absous. N'a-t-il pas été écrit qu'il serait beaucoup
pardonné à qui aurait beaucoup aimé !

« A propos de César, vous rappelez-vous ce mot
charmant du grand Jules ? Il eut un jour en sa
possession une perle qui valait un million de sesterces (1 million 200 000 fr. environ de notre
monnaie) : c'était la rançon d'une province. Ser-
vilia, — il est vrai qu'elle était presque aussi belle
que Cléopatre, — vit cette magnifique perle et fut
éblouie de sa beauté. Jules César la lui offrit. Ser-
vilia accepta ce don impérial, et aussitôt elle fit appeler un célèbre ouvrier ; elle lui ordonna de placer cette perle sur le pommeau d'or d'un glaive
qu'à son tour elle offrit au glorieux vainqueur des
Gaules. Jules prit le glaive, le brisa, et rendant le

trésor à la belle Romaine, il garda le fer dans sa
main « : Il n'y a pour les hommes, dit-il, que deux
« parures : le fer et l'amour d'une femme. »

« Mais il y a eu encore d'autres perles célèbres.
On m'a raconté qu'en 1579 on offrit à Philippe II
une perle de Panama presque aussi grosse qu'un
œuf de pigeon; malheureusement elle n'était pas
ronde, elle avait la forme d'une poire. Un de vos
anciens voyageurs, Tavernier, raconte qu'il vit en
1633 chez le shah de Perse une perle estimée
32000 tomans, c'est-à-dire un million et demi de
francs ; il est vrai qu'on n'est pas obligé de croire
les voyageurs.

« La république de Venise offrit à Soliman une
perle estimée 400 000 francs. L'empereur Rodol-
phe II avait fait placer sur sa couronne impériale
une perle pesant 50 karats, ce qui me semble fabuleux, par la raison que cela suppose une perle
grosse comme une poire et qu'il n'y a pas d'huître
perlière capable de contenir une perle de cette dimension. Ce qui est plus exact, c'est que le pape
Léon X, par humilité chrétienne sans doute,
acheta d'un joaillier vénitien une perle merveilleuse au prix de 350000 fr. On a vu à Ma-
dras une perle japonaise au sujet de laquelle on
m'a conté des prodiges.

« Mais la plus belle perle connue, il est bon que
vous sachiez cela, est dans le musée de Zozima, à
Moscou. Cette perle, admirablement ronde et si
pure qu'on la croirait transparente, répond au nom
de *Pellegrina*.

« Je vous ai dit hier quelle était l'intelligence des
huîtres. De même qu'on enseigne à certaines espèces comment elles doivent s'y prendre pour être
mangées dans les conditions les plus savoureuses,
de même on apprend à l'huître perlière, n'oubliez
pas le mot chinois : *meleagrina margaritifera*,
comment elle peut produire la perle. Voici comment s'y prennent les Chinois, dont il ne faut pas
trop médire, car c'est le seul peuple au monde qui
ait dans son administration un ministère de la musique. Les Chinois, dis-je, pêchent les huîtres, et
sans les sortir de l'eau, ils percent l'écaille et in-
troduisent une aiguille de métal dans l'intérieur.
Cette aiguille blesse l'huître, et vous conviendrez
qu'il y a bien de quoi. Elle fait alors ce que font
les chiens, elle lèche sa blessure ; elle dépose autour de la tige métallique des couches de nacre
et forme une perle. Quand la perle est formée, le
Chinois repêche l'huître à coup sûr. Cela n'est pas
absolument maladroit.

« Rien n'est plus commun, ainsi que je vous l'ai

dit déjà, que la matière dont la perle est formée :
la nacre abonde....

— Parbleu ! je crois bien, interrompis-je, il n'y
a pas longtemps j'ai lu dans un journal anglais
qu'un fabricant de Manchester avait découvert
une couche de nacre sur la roue d'une machine
à laver le coton. On a aussitôt fait appeler des savants qui ont analysé cette nacre terrestre et ont
déclaré qu'elle était simplement le produit d'une
sorte de matière calcaire combinée avec de la
colle.

— Les savants avaient raison, reprit la petite
fée, la nacre n'est pas autre chose que du carbo-
nate de chaux combiné avec une substance animale ; quant au chatoiement, il est dû à la super-
position et à une disposition particulière des
couches. Mais ni les industriels de Manchester ni
les Chinois ne produiront la perle. La perle, c'est
un secret entre Dieu et l'huître ; la perle ne sera
jamais détrônée, même par le diamant ; mettez
une perle entre les pierreries les plus étincelantes,
elle y brillera d'un éclat étrange et doux, d'une
délicatesse exquise qui est aux bijoux comme aux
affections, comme à toutes choses, ce que la grâce
est à la beauté. Je n'ai pas besoin de vous dire
combien je fais peu de cas des imitations de perles

qu'un de vos compatriotes, nommé Jacquin, inventa au commencement du xviii⁰ siècle.

— Vous avez tort, repris-je, ces perles n'ont pas la prétention de jouer les vraies perles : elles se donnent franchement pour ce qu'elles sont, et elles sont charmantes autour d'un bras blanc et mignon. D'ailleurs il n'est pas surprenant que vous parliez avec quelque dédain de ces imitations. Je serai plus juste.... »

Il paraît que ma belle interlocutrice n'aime pas à être contredite.

Avant de continuer mes dissertations sur les perles fausses, je promenai mes regards autour de moi.

La fée aux perles avait disparu.

IX

GRANDEUR ET DÉCADENCE

D'UN FLACON D'ESSENCE DE ROSE

IX

GRANDEUR ET DÉCADENCE

D'UN FLACON D'ESSENCE DE ROSE.

C'était par une assez triste soirée de l'hiver dernier. Paris était en plein dégel, c'est dire qu'il était d'une saleté révoltante ; une petite pluie glacée fouettait les vîtres, et ce bruit monotone avait quelque chose de lamentable : il me semblait que c'était la plainte des enfants et des vieillards grelottant dans leurs mansardes sans feu et sans pain. Je voudrais pouvoir inspirer à tous ceux que j'aime la haine de l'hiver, saison maudite ! châtiment infligé à l'humanité par son Dieu ! Que nous le subissions, que nous nous efforcions de l'égayer, passe ! mais l'aimer, c'est trop fort ! quel sentiment éprouverons-nous donc pour le printemps si nous avons le mauvais goût d'aimer l'hiver?

Quoi qu'il en soit, c'était l'hiver. Le feu petillait joyeusement dans l'àtre ; une jeune fille était au piano, et, chose rare ! elle ne nous agaçait pas les nerfs. Deux jeunes femmes travaillaient à des ouvrages de tapisserie et de crochet. Le maître de la maison lisait gravement, dans un journal du soir, le bulletin de la bourse, l'infortuné !

L'aïeule furetait dans un bahut. Tout à coup elle poussa un cri de surprise.

« Voilà qui est bien étrange ! dit-elle en regardant contre la lampe un flacon oriental, doré et émaillé de couleurs vives. Ce flacon que mon petit-fils m'avait rapporté de Smyrne, est vide déjà, bien qu'il soit hermétiquement clos et recouvert de cire ! »

On se passa le flacon de main en main, et une discussion fort intéressante s'engagea alors sur les essences en général et sur l'essence de rose en particulier que je mets, dans l'ordre de mes affections, sur le même rang que l'hiver, et ce n'est pas peu dire. On se demanda ce qu'était devenue la liqueur contenue dans ce vase. Évidemment, l'âme s'était envolée, nous n'avions plus sous les yeux qu'un cadavre ; mais cette âme éthérée, ce parfum subtil n'était point disparu sans retour, puisque rien ne se perd dans la nature, puisque tout atome de matière a sa vie qui lui est propre et sa destination éternelle ! Un jeune homme rappela à ce propos la théorie scientifique en vertu de laquelle il est démontré que les odeurs exhalées par des fleurs ou des substances quelconques ne sont autre chose que des molécules infinitésimales sans cesse détachées du foyer qui les contient et portées à nos sens par les vibrations de l'air. Et à l'appui de cette théorie il citait l'expérience si connue du morceau de musc.

Pendant cette causerie, le flacon était resté dans mes mains, et, à plusieurs reprises, je le sentis tressaillir. Je le considérai plus attentivement.

« Tu n'es donc pas mort? lui dis-je tout bas ; je croyais que ton âme s'était tout entière envolée.

— Non, répliqua-t-il d'une voix fine et harmonieuse comme le gazouillement d'un bengali ; il me reste encore un souffle de vie, et avant de mourir, je voudrais te faire ma confession, à toi qui viens de te déclarer mon ennemi. »

Je m'aperçus alors qu'il restait, en effet, une

goutte d'essence au fond du vase de cristal, et pendant que le piano chantait sous les doigts de l'enfant, le flacon me parla en ces termes :

« Tu détestes l'essence de rose, as-tu dit ; puissent les secrets et les vicissitudes de mon existence confiés à ta loyauté te ramener à une plus juste appréciation de ma valeur que tu ne soupçonnes même pas ! Tu crois que je suis un vain objet du luxe et de la fantaisie, destiné à servir la coquette stratégie des sultanes indolentes et des voluptueuses odalisques. Tu te trompes. Ne fussé-je que cela d'ailleurs, j'aurais, ce me semble, quelques droits à l'estime et au respect du monde, car la coquetterie féminine a été et sera toujours le plus puissant levier de la civilisation. Quand Dieu a mis cette coquetterie, ce désir de plaire au cœur des femmes, il savait bien ce qu'il faisait, il préparait ainsi tous vos progrès dont vous êtes si fiers, il donnait au génie humain un stimulant inépuisable. Mais, rassure-toi ! je vaux mieux que cela. C'est à moi que vous devez tous vos perfectionnements en agriculture et cette science merveilleuse, la chimie, qui, décomposant les corps inorganiques et combinant les substances, crée chaque jour des forces nouvelles.... »

Je fis un bond de surprise ; la chimie, l'agriculture, les corps inorganiques, les combinaisons de substances, tout ce monde scientifique resté jusqu'ici inaccessible à mon ignorance, et brusquement évoqué devant moi par un flacon d'essence de rose, cela me parut du dernier bouffon.

« Mon petit génie parfumé, lui dis-je en riant, avez-vous l'intention peu honnête de vous moquer de moi ?

— Sceptique ! répliqua-t-il sans s'émouvoir de ma boutade. Il te faut des preuves, je t'en donnerai. Écoute : le rosier qui a fourni les fleurs dont je suis la plus pure essence descend d'une famille illustre dont l'origine remonte à cinq ou six mille ans. Connais-tu beaucoup de titres de noblesse qui datent de si loin ? Il y avait alors dans une des plus tièdes et des plus magnifiques vallées de la Perse un jeune homme que sa beauté, sa bravoure, sa sagesse, avaient fait le chef redouté de toutes les tribus qui occupaient le territoire actuel de la province d'Ispahan. Il s'appelait Saïd, il était le fils d'un berger, et à vingt-cinq ans sa réputation s'étendait déjà dans toute l'Asie méridionale ; il commandait à des populations nombreuses et intrépides qui lui obéissaient avec enthousiasme.

« Un jour, Saïd, à la tête de ses tribus guerrières, alla attaquer Abou-Mirza, un de ses plus puissants voisins. Ce fut une horrible et sanglante mêlée. Saïd fit des prodiges, mais heureusement ou malheureusement pour lui, — tu décideras cela tout à l'heure, — au moment où la victoire allait lui rester, il fut fait prisonnier. On se disposait à le tuer, comme c'était l'usage, quand le prince Abou-Mirza, sans doute pour savourer plus longtemps le plaisir de la vengeance, ordonna qu'on laissât la vie sauve à l'intrépide captif. Saïd fut réduit en esclavage.

— Je ne vois pas ce qu'il pouvait y avoir là d'heureux pour lui, fis-je aussitôt. — Patience! répondit le flacon. Saïd devint amoureux, mais amoureux fou! Crois-tu que ce ne soit pas un bonheur pour tout homme que de connaître les fièvres ardentes, les voluptés, les ivresses et jusqu'aux tourments de l'amour? Ne m'interromps plus, je t'en prie, car dans l'état de faiblesse où je suis, j'ai quelque peine à recueillir et coordonner mes idées.

« Abou-Mirza avait une fille qui était la perle de l'Orient; il n'était bruit dans toute l'Asie que de la beauté merveilleuse de Saïdah, et, à vrai dire, en entreprenant contre son voisin l'expédition qui venait de lui être si fatale, Saïd avait eu l'arrière-pensée de conquérir ce trésor inappréciable.

« Rêves déçus! espérances trompées! Saïd, le grand Saïd n'était plus qu'un vil esclave! Le prince Abou-Mirza fit comparaître devant lui son glorieux vaincu; il avait à ses côtés sa fille, plus belle que jamais. En voyant Saïdah, le jeune guerrier qui, jusque-là, n'avait été sensible qu'aux émotions des combats et au charme des faciles plaisirs, éprouva un trouble profond, une sensation inconnue. La glace de son cœur venait de se fondre; il aimait.

« Saïdah, de son côté, ne put voir sans pitié ce beau jeune homme, hier encore si puissant, aujourd'hui humilié, mais fier dans sa défaite. Elle était trop femme pour ne pas s'apercevoir de l'effet que sa beauté venait de produire. Aussi, quand Abou-Mirza signifia sévèrement à Saïd les rudes conditions d'existence auxquelles il allait être soumis, un tendre regard de la jeune fille adoucit pour lui toutes ces rigueurs. Il sortit, rayonnant de joie et d'espoir.

« Le soir venu, une vieille esclave, attachée au service de Saïdah, vint trouver le jeune homme et l'entraîna derrière un bosquet de myrtes et de lentis-

ques capricieusement éclairés par la lune. C'était
Saïdah elle-même qui l'y attendait. « Saïd, lui
« dit-elle, Dieu vous éprouve; mais c'est dans l'ad-
« versité que se révèlent les grands cœurs. Soyez
« patient et courageux ; je vous aime ! » Saïd voulut répondre, déjà la jeune fille et la vieille avaient
disparu.

« La tradition se tait sur la suite de cette aventure. Saïd et Saïdah ne se rencontrèrent-ils plus
le soir, sous les rayons de la lune et sous les berceaux en fleurs ? Je l'ignore, et, quoi qu'il en soit,
mon indulgence les absout. Mais ce que je sais
bien, c'est que pour plaire à la jeune fille, pour
satisfaire tous ses goûts, tous ses caprices, Saïd
ennoblit les travaux serviles auxquels il était condamné. Saïdah aimait la nature, les fleurs, les parfums ; le héros devenu agriculteur, découvrit l'art
de greffer, et le premier il fit éclore sur le rosier
sauvage la rose éclatante qui est une des gloires de
l'Orient.

« Il offrit humblement cette fleur merveilleuse à
Saïdah. Plus tard, ce fut lui qui, par ses travaux
intelligents, dota notre planète, encore informe,
des fruits succulents que l'homme ignorait encore
et qui font le charme de nos tables, ô civilisés
contemporains ! On vous dit que la pêche, l'abri-

cot, la prune, la mûre savoureuse, l'amande délicate, viennent de la Perse, et c'est la vérité ; mais
ce que vous ne savez pas, c'est que pour plaire à
sa belle maîtresse, Saïd transforma en productions
exquises les fruits vénéneux que la nature avait
jetés à profusion sur le globe. Savez-vous beaucoup de conquêtes comparables à celle-là ?

« Mais ce n'est rien encore ! La rose à peine ob-
tenue, Saïdah exprima le regret que son éclat fût
si fugitif, son parfum si éphémère. L'infatigable
Saïd, que son amour exaltait et soutenait dans ces
douloureuses épreuves de la captivité, redoubla
d'efforts et obtint la rose que vous appelez aujour-
d'hui des *Quatre saisons*.

« Il n'était pas satisfait cependant ; il se demandait dans le silence de ses nuits, comment il pourrait éterniser ce parfum suave pour lequel Saïdah
affichait hautement sa prédilection. Après bien des
essais, bien des tentatives avortées, Saïd parvint à
concentrer sous un petit volume l'essence de la
fleur qu'il avait pour ainsi dire créée. Ce jour-là
une science nouvelle fut inventée ; la chimie, qui
devait plus tard enfanter tant de prodiges, eut
droit de cité parmi les hommes.

« Sur l'alambic informe, sur le fourneau grossier
où Saïd s'était penché haletant pour dérober à la

rose son arome embaumé, les alchimistes se pen-
chèrent plus tard pour chercher la pierre philoso-
phale et opérer la fantastique transmutation des
métaux.

« Eh bien ! avais-je tort de te dire que je suis la
source de tous les perfectionnements agricoles et
de la plupart de vos procédés scientifiques actuels?
Est-ce ma faute à moi si des trafiquants ignobles,
de prétendus Orientaux coiffés de turbans apo-
cryphes, sont venus sur vos boulevards, ex-
ploitant votre crédulité, badauds parisiens que
vous êtes ! vous vendre pour essence de rose des
produits frelatés et nauséabonds? Il n'en est pas
moins vrai que le premier souffle de la civilisation
est éclos avec la première rose et qu'une ère nouvelle date de ma création.

« Comprends-tu ce qu'il a fallu de génie et d'efforts
au pauvre esclave amoureux pour lutter ainsi avec
la nature elle-même, surprendre ses secrets, pour
métamorphoser la création du bon Dieu, pour
faire de l'églantier le roi de nos jardins et de son
humble fleur la reine des fleurs ; pour faire naître
aux branches des arbres sauvages, par des combinaisons habiles de greffe, d'eau et de soleil, ces
fruits délicieux dont ma chaude patrie a enrichi
vos climats.

— Mais Saïd et Saïdah m'intéressent, fis-je. Que devinrent-ils?

— L'amour, le dévouement, les travaux de Saïd reçurent leur récompense. Vaincu par les prières de sa fille et aussi par la supériorité d'esprit de cet esclave qui fut un des bienfaiteurs de l'humanité, Abou-Myrza se décida enfin à accepter Saïd pour son gendre. Plus tard, Saïd réunissant sous sa domination des tribus innombrables qui le vénéraient comme un demi-dieu, devint le fondateur d'un des plus grands royaumes et de la plus puissante dynastie dont les traditions humaines aient gardé le souvenir. »

Le flacon s'arrêta comme épuisé; sa voix faiblissait de plus en plus. Il recueillit ses forces, puis il reprit:

« Le plus cher de mes vœux est satisfait maintenant; je puis mourir en paix puisque je t'ai révélé un fait historique presque inconnu et que j'ai honoré la mémoire de celui qui fut le père de ma race. Quant à moi, je ne serai bientôt plus qu'un bloc de matière inerte, et mon âme invisible et immortelle sera allée se retremper au foyer de l'universelle vie.

« Sur le point de finir mon existence présente, je songe aux splendeurs de ma jeunesse. Je vois encore d'ici les blanches mains, les gracieux visages, les doux sourires de femmes qui m'accueillirent au début de la vie. J'ai assisté à tous les mystères du harem ; que de tendres confidences j'ai entendues ! de combien d'élans, de soupirs, de passions, j'ai été le discret témoin ! Je suis né dans les régions que dore le soleil, en face de la mer éblouissante. Bercé sur la tige maternelle par les tièdes brises du midi, à l'ombre des grands sycomores, les vicissitudes du sort me font mourir ici, loin de ma patrie rayonnante, au pouvoir d'une vieille femme. J'accepte sans murmurer cette triste destinée ! J'emporte avec moi le souvenir de mes amours !

— Comment ! de tes amours ! Tu veux dire des amours de Saïd et de Saïdah ?

— Non ! des miennes ; quand j'étais fleur, avant que l'homme, pour extraire mon parfum, m'eût soumise au supplice du feu, j'ai eu pour époux, à la face du ciel, un jeune papillon pour lequel je conserve une immortelle tendresse et que je retrouverai certainement un jour.

« Adieu ! reprit-il, après un instant de repos, n'oublie rien de ce que je t'ai dit, et que par toi le monde sache tout ce qu'il doit à l'essence de rose et à l'amour de Saïd.... »

Il avait fini à peine que je sentis le flacon se glacer sous mes doigts. Je m'empressai de regarder le contenu ; la dernière goutte venait de s'évaporer. Le flacon n'était plus qu'un cadavre.

X

HISTOIRE D'UNE GLACE

X

HISTOIRE D'UNE GLACE.

J'en suis désolé, mais l'intérêt de la vérité m'oblige à déclarer que la première scène de cette édifiante histoire s'ouvre modestement chez un barbier de village. Nous venions de faire une promenade pédestre dans les environs de Paris, et, avant de rentrer en ville, un de nos camarades eut la fantaisie de se faire raser, triste nécessité à laquelle la plupart des hommes ont la faiblesse de se soumettre ! Nous traversions une des plus humbles bourgades échelonnées, comme des postes avancés, sur le bord des routes qui aboutissent à la capitale. Un plat à barbe en fer-blanc se balançait en grinçant au-dessus d'une boutique peinte en bleu. — Les perruquiers sont voués au bleu! — Nous pénétrâmes dans la boutique; le patient se mit entre les mains du Figaro de l'endroit, et je faisais les plus douloureuses réflexions sur ce supplice volontaire et quotidien de la barbe, lorsque je fus distrait de ma préoccupation par un gémissement plaintif.

Je promenai mes regards autour de moi : « Monsieur, me dit une voix chevrotante, ne cherchez pas si loin, c'est moi qui voudrais vous parler, vous confier mes peines. Je suis ce petit morceau de glace que vous voyez ici, incrusté dans le mur, ou plutôt je suis l'esprit qui l'anime, un véritable esprit bien supérieur à tous ces prétendus esprits qui ne savent parler qu'à l'aide des pieds d'une table. »

Un petit rire strident et railleur accompagna cette boutade. Jalousie de métier! pensais-je; mais j'étais si désireux de savoir ce que pouvait me révéler cet étrange personnage, que, ne voulant pas le blesser, je gardai pour moi ma réflexion.

Ce malheureux morceau de glace était dans un état déplorable ; il avait la forme d'un tricorne, il était ébréché et avait perdu la meilleure partie de son tain. Où diable les esprits vont-ils se nicher !

« Parlez avec confiance, lui dis-je, je vous écoute attentivement, et, contre mon habitude, je vous prête mes deux oreilles.

— Ce n'est pas assez que de m'écouter, monsieur, prenez des notes ; vous faites des livres, je le sais, et je désire que vous racontiez mes infortunes, ma gloire, mes vicissitudes à vos nombreux abonnés.

« O révolutions ! reprit-il, ce sont là de vos coups ! Avoir été un des premiers chefs-d'œuvre de l'industrie nationale, avoir habité le palais des rois, avoir eu le sourire et les confidences de tout ce qui est puissant ici-bas ; le génie, l'amour, la beauté, et se voir brisé, déchiqueté, ignominieusement incrusté dans la boutique d'un barbier de village, n'est-ce pas là un beau sujet de poëme et de drame ?

« Monsieur, je suis contemporain de Colbert. Quel homme ! quel ministre ! Un jour Louis XIV admirait devant lui une glace de Venise fort belle que ce monarque vert galant destinait au boudoir d'une de ses maîtresses, je crois que c'était Mlle de Fontanges. Le roi était émerveillé ; Colbert dévora une larme de colère et d'humiliation. « Pourquoi la France, se dit-il, payerait-elle à l'étranger ce tribut? Pourquoi ne fabriquerait-elle pas, elle aussi, ces glaces dont les femmes ne savent plus se passer? »

« Sous l'inspiration du ministre, d'habiles ouvriers, des industriels intelligents, se mirent à l'œuvre, et peu de temps après, la première manufacture de glaces françaises s'éleva à Tour-la-Ville, près de Cherbourg. C'était, si je ne me trompe, en 1666. Des lettres patentes du roi, enregistrées au parlement, concédèrent à M. Dunoyer un privilége exclusif pendant vingt années pour fabriquer en France des glaces de la même netteté et perfection que celles de Venise. Par ces lettres, M. Dunoyer avait la permission de s'associer telles personnes que bon lui semblerait, soit ecclésiastiques, soit nobles ou autres, sans que ces personnes pussent être censées et réputées avoir dérogé à noblesse par le fait de cette association. Cette société avait la faculté de prendre par tout le royaume les matières propres à la fabrication des glaces, ou de faire venir en franchise ces matières des pays étrangers. Les produits fabriqués étaient

exemptés de tout droit à la consommation intérieure : les ouvriers vénitiens qui auraient travaillé
pendant huit ans dans les nouvelles manufactures
étaient de droit naturalisés français et exempts,
aussi bien que les ouvriers français, de toute taille
et impositions, garde de ville, logement de gens
de guerre, etc., etc.; que sais-je encore! Le gouvernement fit des avances en argent et voulut que
les gens de service de la manufacture portassent
la livrée royale.

« Vous voyez que Colbert faisait grandement les
choses. Ce jour-là l'industrie vénitienne fut frappée
à mort. Les glaces françaises l'emportèrent bientôt en éclat, en pureté, en grandeur, sur les plus
belles glaces de Venise.

« Le privilége fut renouvelé en 1683, pour trente
ans. Mais jusque-là on n'avait fabriqué des glaces
que par le procédé ordinaire du soufflage, c'est-à-
dire que l'ouvrier faisait d'abord un cylindre qu'il
étendait ensuite; mais cette opération très-difficile
ne permettait pas de donner aux produits toute la
perfection désirable.

« Un jour, on était alors en 1688, un homme se
présenta lui-même au roi et lui dit qu'il était capable de faire un tour de force jusque-là inouï.
Cet homme, c'était Abraham Thevart; il proposa

de couler des glaces au lieu de les souffler, et il se
fit fort d'obtenir ainsi, non-seulement des glaces
plus pures, mais infiniment plus grandes que
toutes celles admirées jusque-là. Il ne fut plus
question à la cour et à la ville que de cette merveille. Les hommes doutaient et qualifiaient Thevart d'insensé. Les femmes, mieux inspirées par
leur coquetterie, entreprirent une croisade en
faveur du célèbre industriel, et Thevart eut enfin
son privilége ; mais les lettres patentes portaient
qu'il lui était interdit de fabriquer des glaces d'une
dimension moindre de soixante pouces de haut sur
quarante de large.

« Thevart établit d'abord sa manufacture à
Paris ; mais la main-d'œuvre, le bois, tout y était
déjà fort cher, et le siége de la nouvelle industrie
fut bientôt transféré dans un ancien château fort,
près de la Fère, à Saint-Gobain. C'est là que j'ai
reçu le jour. Ah ! monsieur, que j'étais belle alors !
que de cris d'admiration saluèrent ma naissance !
que de gracieux visages me sourirent ! Mais n'anticipons pas sur les événements, et pardonnez-
moi si ces détails historiques ne vous ont pas
amusé ; ils étaient indispensables au récit que je
veux vous faire.

« Croiriez-vous, monsieur, que.... »

A ce moment, le barbier avait fini sa tâche. En route ! dirent mes compagnons. Je prétextai une indisposition , je les laissai partir sans moi.

« Me voici tout à vos confidences, dis-je à mon fantastique interlocuteur, qui se confondit en remercîments.

— Monsieur, reprit-il, quoique réduit à l'état d'abjection où vous me voyez, je n'en suis pas moins très-philosophe et assez érudit, ce que ne sont pas toujours les esprits des tables tournantes, témoin celui qui faisait Charlemagne contemporain de Jésus-Christ. Je pourrais discuter savamment sur la question de savoir si les anciens connaissaient ou non les glaces étamées, eux qui avaient poussé si loin l'art de fabriquer le verre ; s'il est vrai que les premiers miroirs furent fabriqués à Sidon, comme on le prétend ; si les Chinois ne nous ont pas précédés de quelques milliers d'années dans cette voie, comme dans tant d'autres. Mais cela m'éloignerait de mon sujet, et je veux ménager votre complaisance et votre temps. Ce que vous pouvez affirmer, c'est que les miroirs, qu'ils fussent en verre ou en surfaces de métal polies, n'ont jamais fait défaut à la coquetterie des femmes et des hommes. Voyez ce fat de Narcisse : n'ayant pas de glace à sa disposition, n'imagina-t-il pas de se mirer dans l'eau?

« Mais pour arriver au degré de perfection que notre industrie française a atteint aujourd'hui, que d'efforts, que de combinaisons le génie humain a dû faire ! Je vous ai dit que j'avais été la première belle glace coulée à Saint-Gobain par le procédé d'Abraham Thevart. Coulées ou soufflées, nous n'en sommes pas moins le plus curieux, le plus merveilleux produit de l'industrie. Les matières les plus communes, un peu de sable, un peu de soude et de chaux, voilà notre point de départ. Mais que d'habileté dans la main-d'œuvre, que de perfection dans les procédés mécaniques il a fallu déployer pour arriver au point de perfection où nous sommes !

« Ah ! monsieur, qu'il est vrai ce proverbe populaire qui dit qu'il faut souffrir pour être beau. Jamais vérité profonde n'a été exprimée sous une forme si légère. Oui, il faut souffrir, et j'ai souffert pour mon compte. J'étais à l'état de fusion dans un four dont le vieux Vulcain lui-même n'aurait pu supporter les ardeurs. Quand le moment de ma naissance fut venu, un ouvrier prit, à l'aide d'une cuvette, cette matière incandescente qui fut répandue sur une table de métal au-dessus de laquelle étaient ajustées deux baguettes destinées à régler l'épaisseur de la glace. Un cylindre passa sur moi, j'éprouvai comme un cauchemar horrible! et lorsque par mon refroidissement successif je fus parvenue à l'état solide, j'éprouvai un bien-être immense.

« Hélas ! je n'étais encore qu'au début de mes épreuves. Pour être belle, pour avoir le droit de cité sous les lambris des grands, pour mériter la confiance des femmes, il fallait souffrir encore. J'étais sortie du chaos ; dès le premier jet, on avait fait de moi une glace brute. Il fallait maintenant me polir, me civiliser, moi sans qui toute civilisation serait incomplète.

« Ce fut d'abord l'opération du *dressage*, dont le souvenir douloureux me fait grincer les nerfs ; on me scella sur une table avec du plâtre ; on me couvrit de sable très-fin, et à l'aide d'une glace plus petite fixée à un moellon assez lourd, on me polit tant bien que mal. Puis vint le *doucissage*, opération analogue qui consiste à remplacer le sable par de l'émeri.

« Je crus être arrivée à la fin de mes peines lorsque j'entendis la voix rude d'un contre-maître : « La voilà *dressée et doucie*, dit-il aux ouvriers ; il « faut maintenant la polir. » On prit alors un lourd polissoir garni, à la partie inférieure, d'un feutre sur lequel on répandit de l'oxyde rouge de fer, et des bras vigoureux me donnèrent ce poli admirable que vous me savez. Maintenant, ce ne sont plus des bras : c'est la mécanique qui se charge de ces opérations fatigantes.

« J'étais alors une glace parfaite, mais je n'étais pas encore un miroir ; j'étais incapable de réflexion, sans jeu de mots, et dans ce temps-là les charcutiers, les marchands de nouveautés, n'étaient pas assez riches pour abriter leurs soieries et leurs saucissons derrière des glaces non étamées, comme ils le font aujourd'hui. Il fallait donc subir l'opération de l'étamage, opération délicate, pour laquelle on me plaça sur une table en pierre très-plane, très-unie et disposée de façon à pouvoir conserver son niveau ou se relever par un des côtés. Mais cette pierre dut d'abord être préparée avec soin ; on y étendit une feuille d'étain sur laquelle on versa une petite quantité de mercure ; à l'aide de tampons de flanelle, on frotta le mercure pour le combiner avec l'étain ; puis on étendit une nouvelle couche de mercure. Ce fut alors que l'on me posa soigneusement sur cette table ainsi préparée. On plaça sur ma surface supérieure des poids fort lourds, afin que ma surface inférieure pût s'imprégner de l'étamage. Je restai longtemps dans cet état, mais enfin je sortis triomphante de ces rudes épreuves. Venise était écrasée ; jamais dans ses manufactures, jamais dans l'antiquité, en Chine, à Tyr, à Sidon, à Carthage, jamais un produit aussi beau n'était sorti des mains de l'homme. La France venait de doter le monde d'une création nouvelle !

« Mon Dieu ! que j'étais fière, que j'étais admirée et fêtée ! Je fus transportée à la cour. Que de gracieux visages ! que de charmants et perfides sourires ! Le régent dit un jour à Dubois que Mme de Parabère ayant témoigné le désir de m'avoir dans son boudoir, il fallait m'y faire placer. J'étais alors entourée de dorures et de peintures ravissantes. Ce que je vis, ce que j'entendis dans ce voluptueux réduit, je ne vous le dirai pas, monsieur ! J'en rougis encore.

« Permettez-moi de passer sur ces détails, que je ne consignerai pas même dans mes mémoires secrets, car si une glace n'est pas discrète, qui donc le sera ?

« Je passai ainsi de boudoir en boudoir. Lors de la Révolution, je fus brisée sans pitié par des mains sacriléges. Le père du barbier chez lequel je suis aujourd'hui ramassa un de mes débris et m'incrusta dans ce mur, où toutes les révolutions m'ont respectée, hélas! »

Et l'esprit de la glace poussa un long soupir. Triste exemple des vicissitudes humaines! Je promis au morceau de glace que je publierais son histoire, et je m'acheminai tristement vers Paris, où mon premier soin est de m'acquitter de ma promesse. Mais je n'en ai pas fini avec l'industrie du verre. J'ai sur mon bureau un verre de Bohême qui m'a aussi raconté son histoire que je vais vous dire sans plus tarder.

XI

CAUSERIES

D'UN VERRE DE BOHÊME

XI

CAUSERIES

D'UN VERRE DE BOHÊME.

Des tables qui parlent, la belle affaire! et c'est bien la peine de crier au miracle, de faire des mandements ou des dissertations sur ce prétendu phénomène! J'ai là, sous ma main, depuis bien long-temps, une coupe en verre de Bohême qui me fait ses confidences, me raconte les plus intimes détails de sa vie, et je ne m'en émeus pas autrement. Je ne sais quels liens ont existé dans le passé entre cette coupe et moi, mais je l'aime, ou plutôt j'y tiens, car, je ne sais si vous êtes de mon avis, un des graves reproches que j'adresse à notre langue si précise, si merveilleusement douée d'ailleurs, c'est que ce mot, ce mot sacré : Je l'aime! qui ne devrait être employé que dans son acception la plus élevée, pour exprimer le plus noble, le plus doux, le plus pur des sentiments humains, serve fatalement à exprimer les goûts les plus vulgaires. Vous êtes obligé d'employer le même verbe pour dire : J'aime ma mère! et j'aime les cornichons! Les Anglais, ce peuple économe et positif par excellence, ont cependant fait la dépense de deux verbes pour exprimer ces deux ordres d'idées si différents ! Donc, je tiens à cette coupe, elle est la compagne assidue de mes travaux, et elle me garde quelque reconnaissance de ce qu'un jour je l'ai rachetée des mains d'un Auvergnat, qui l'avait acquise entre mille débris ou ustensiles provenant d'une vente publique.

« Ami, me disait-elle un soir qu'elle me voyait rêveur et distrait, poursuivant je ne sais quels souvenirs à travers les spirales de fumée bleue qui s'échappaient de ma cigarette, ami, savez-vous seulement ce que c'est que le cristal? ce qui le différencie du verre proprement dit ? pourquoi la mode a fait si longtemps rechercher les produits qui me ressemblent? Savez-vous ce que le génie humain a dû tenter pour donner au cristal et aux verres ces formes exquises, élégantes, que vous vous contentez d'admirer, cher ignorant ! »

Ne vous étonnez pas de ce ton de familiarité. Elle est bohémienne, cette coupe coquette ! Tout écrivain est plus ou moins bohémien aussi. Entre compatriotes, on n'y regarde pas de si près !

Je me taisais ; la coupe babillarde reprit :

« A l'endroit du cristal, il existe un préjugé fort répandu. On s'imagine généralement que le cristal de roche a une immense supériorité sur le cristal fabriqué par des procédés industriels ; on se trompe. La nature ne fait pas mal les choses sans doute ; mais quand les hommes s'en mêlent, ils font mieux qu'elle encore. Vous savez qu'en histoire naturelle on donne le nom de cristaux à toutes les substances minérales qui prennent d'elles-mêmes, et sans le secours de l'art, une figure constante, régulière, déterminée. Le cristal de roche est une de ces substances, et la moins précieuse. C'est tout simplement du quartz incolore, très-dur, et par conséquent très-difficile à tailler et à mettre en œuvre. C'est cette difficulté qui a fait longtemps son principal mérite. Mais sous le rapport de la blancheur, de l'éclat, de la pureté, combien ce cristal naturel est distancé par le cristal factice !

— Bah ! fis-je. Cet étonnement flatta la coupe, qui continua de plus belle.

— Après tout, le cristal n'est guère autre chose que le verre très-perfectionné, produit avec plus de soin. Les éléments constitutifs sont-à peu près les mêmes : du sable, de la potasse, un peu de minium ! C'est prodigieux qu'avec des matières pareilles on obtienne de si magnifiques résultats ! Les cristaux et les verres de Bohême ont eu longtemps et ont encore, aux yeux de quelques imbéciles, une supériorité incontestable qui s'explique en deux mots. Quand on se disputait les verres et les cristaux de Bohême, l'Angleterre seule leur faisait concurrence et ne pouvait les éclipser, tout simplement parce que les industriels allemands chauffaient leurs fours au bois, tandis que les Anglais chauffaient les leurs au charbon de terre, qui altérait la blancheur de la matière. Les Anglais se mirent l'esprit à la torture, ils imaginèrent de boucher leurs creusets, d'employer le minium comme fondant ; pour obtenir un sable plus pur, ils concassèrent un caillou tout particulier, le *flint*, d'où vient le nom de *flint-glass* donné aux cristaux anglais.

« Mais ici encore, ce fut la France qui eut le mérite de perfectionner cette production d'une si grande importance commerciale.... »

La coupe s'arrêta net.

« Vous ne m'écoutiez pas, dit-elle de sa voix argentine et fraîche ; ami, ce n'est pas bien ! A quoi ou à qui pensiez-vous ?

— Vous êtes curieuse, ma mie ! Bien que mon œil fût distrait, je n'ai pas perdu un mot de votre récit. Vous en étiez à la France, qui eut le mérite de perfectionner cette production d'une si grande importance commerciale. Vous voyez que je répète vos propres expressions.

— Oui, reprit la coupe, la France, avec son goût suprême, a perfectionné les procédés de moulure et de taille qui donnent à ses cristaux et à ses verreries une incontestable supériorité. Un jour, un industriel distingué, M. Dartigues, entreprit de disputer à la Bohême elle-même la fabrication des cristaux que l'Allemagne produit à un bon marché fabuleux. M. Dartigues fonda notre célèbre fabrique de Baccarat ; il y fit venir des jeunes filles des Vosges, auxquelles on apprit à tailler les cristaux de lustre ; celles-ci retournèrent dans leurs montagnes pour y former de nouvelles apprenties ; mais le prix du salaire de ces ouvrières

ne put pas descendre au-dessous du prix de cinquante centimes par journée. C'était trop encore ;
les Bohémiennes vivent de si peu !

« Avez-vous songé quelquefois à l'immense utilité de cette vieille industrie du verre dont Pline
attribue la découverte à des marchands phéniciens
qui, s'étant arrêtés sur les bords du Bélus pour y
faire cuire leurs aliments, fabriquèrent du verre
sans s'en douter ? Rome, s'il faut en juger par les
débris d'Herculanum et de Pompeïa, avait poussé
fort loin cette fabrication dont les Phéniciens
transmirent le secret à toute l'Italie, et c'est Venise
qui eut incontestablement le mérite d'initier l'industrie européenne aux vieilles traditions de l'antique industrie. C'est ainsi que tout se tient et que
se perpétue le lien de solidarité qui unit les générations présentes aux générations éteintes.

« Après le fer, qui est le métal nourricier par
excellence, savez-vous une substance qui ait rendu,
qui rende à l'humanité plus de services que celle
dont je suis composée ? Supprimez le verre, et il
n'y a plus de civilisation, plus de progrès scientifiques. Étendu en petites lames plates et transpa-
rentes, il transmet la lumière dans vos habitations,
en même temps qu'il vous abrite contre les intempéries des saisons, sans vous priver pour cela

de la vue des objets extérieurs. Noé planta la vigne; mais le bienfait du patriarche serait sans valeur pour l'humanité si, avec le verre, l'industrie n'eût fabriqué des vases propres à la conservation du vin. Que de chansons, que de poëmes, la bouteille, la divine bouteille a inspirés! Rabelais y a puisé sa verve et cet éclat de rire qui retentit encore.

« Vos sciences physiques, vos sciences naturelles, dont vous êtes si fiers, où en seraient-elles sans nous? Sans le prisme de verre à l'aide duquel Newton décomposa la lumière, connaîtriez-vous les mouvements des astres? parcourriez-vous avec une sûreté mathématique ces vastes champs de l'infini où se meuvent d'innombrables soleils?

« De l'infiniment grand descendez à l'infiniment petit : supprimez le microscope, et le naturaliste ne sait plus observer les faits de détail. Faites donc la machine pneumatique et la machine électrique sans verre! Vos expériences sur le calorique, toute la science de l'électricité, dont vous tirez un si merveilleux parti, rien de tout cela n'existe sans le verre! Je ne parle pas des myopes et des presbytes; je ne parle pas non plus des services que rend le verre à la navigation. Otez à l'empereur sa lunette d'approche avec laquelle il observait les mouvements de l'ennemi, et vous ne ferez plus de lui qu'un général vulgaire.

« Oui, mon ami, reprit la coupe avec enthousiasme, bien que je ne sois plus aujourd'hui qu'un objet de curiosité, qu'un objet inutile, je n'en suis pas moins glorieuse d'appartenir à cette glorieuse famille du verre qui a été l'instrument le plus actif de la civilisation, le point d'appui sans lequel l'intelligence humaine errerait encore dans les limbes de l'ignorance !

« Laissez les badauds admirer le verre de Bohême ! Regardez ce que fait l'industrie française, songez à toutes les merveilles que produisent vos verreries de Baccarat, de Clichy-la-Garenne, etc. Voyez les vitraux de vos églises ; allez visiter les phares qui bordent vos côtes de l'Océan et de la Méditerranée, ces phares protecteurs qui annoncent de si loin au navigateur la présence du port ; énumérez, si c'est possible, toutes les applications du verre à la science, aux arts, à l'industrie, aux besoins personnels et domestiques, au luxe de vos tables, où le cristal réjouit l'œil, et dites s'il est une matière supérieure à la mienne !

« Tenez, reprit ma coupe, quand je pense à un seul des emplois du verre, à la vitre, qui est sans contredit le principe de toute civilisation, je me

demande comment il a pu se trouver des législa-
teurs qui aient osé mettre un impôt sur les fe-
nêtres. Mais je ne veux pas parler politique; j'aime
mieux rester dans mon humble rôle.

« Il est bien évident qu'avec cette multitude de
destinations du verre, il a dû s'établir dans l'industrie une division du travail rationnelle. De là
vient que vous avez des verreries spéciales pour
les bouteilles, d'autres pour les verres à vitre,
d'autres pour les glaces, d'autres pour les verres
prismatiques, d'autres pour la gobeletterie, la ver-
roterie, etc.

« Je craindrais de vous fatiguer, ami, si je vous
racontais les procédés de fabrication mis en usage
dans ces vastes usines où le travail est incessant,
où la matière incandescente fermente nuit et jour,
où d'innombrables ouvriers soufflent le verre ou
le coulent pour lui donner ces formes que vous
admirez. Je ne sais rien qui donne une plus haute
idée de la puissance humaine que l'intérieur d'une
verrerie, même la plus humble, même celle où l'on
fabrique les produits les plus communs. Il n'est
pas d'industrie qui exige de l'ouvrier plus de force,
plus d'intelligence, de goût, de sûreté de main.

« Sous l'ancienne monarchie, les ouvriers ver-
riers devaient faire preuve de noblesse : nul ne

pouvait souffler le verre s'il n'était gentilhomme. Aujourd'hui il n'en est plus de même. Où sont les gentilhommes? Mais l'art du verrier n'en est pas moins resté le plus noble des arts.... »

La coupe parla longtemps encore, elle entra dans des détails qui m'intéressèrent. Je les avais transcrits, mais en les relisant je crois m'apercevoir que, quelque clarté qu'on y mette, il est presque impossible de raconter ces procédés et de les faire comprendre à ceux qui n'ont pas vu une verrerie. Allez donc y voir.

XII

CE QU'IL Y A

DANS UNE TABATIÈRE

XII

CE QU'IL Y A

DANS UNE TABATIÈRE.

Quelle aimable femme! Pour peu que vous fréquentiez avec quelque assiduité le Théâtre-Italien pendant les longues soirées d'hiver, vous devez l'avoir remarquée au fond de sa loge, où elle est presque toujours seule, encapuchonnée de dentelles, emmitouflée dans une douillette garnie de fourrure. Vous devez l'avoir remarquée, dis-je; non qu'elle soit jeune ou jolie : hélas! elle aura soixante-neuf ans bientôt; mais si vous pouviez l'entendre, si vous pouviez causer un instant avec elle, vous affirmeriez comme moi qu'elle n'est pas vieille. Les habitués du Théâtre-Italien la désignent sous le nom affectueux de la *grand'maman*.

Un hasard étrange, mais non, il n'y a pas de hasard, une gracieuseté du bon Dieu me permit, il y a quelques jours, de lui rendre un léger service. Alboni venait de chanter la *Cenerentola;* j'écoutais de toutes mes oreilles cette musique si pimpante, mais je ne pouvais détacher mes regards de la loge voisine où était la grand'maman. J'aimais à la voir sourire et accompagner la musique d'un léger mouvement de tête. Tout à coup je la vis pâlir; elle se leva, et dans la crainte que le vieux valet de chambre en livrée, qui lui donne ordinairement le bras pour la reconduire à sa voiture, ne fût pas là, je courus dans le couloir. Elle était seule en effet. Je lui offris respectueusement mes services.

« Je suis un peu souffrante, me dit-elle, et je vous serais bien obligée, monsieur, si vous vouliez faire appeler mon domestique, le vieux Guillaume. Mille pardons !

— Permettez-moi, madame, de faire l'office de Guillaume; daignez accepter mon bras. »

Elle accepta. Je fis avancer sa berline, véhicule respectable qui date au moins de la Restauration.

Elle me remercia avec cette exquise politesse dont la tradition s'efface, et je lui demandai la permission de me présenter le lendemain chez elle pour m'informer de sa santé.

« Venez, » me dit-elle d'une voix bienveillante.

Je vous laisse à penser si le lendemain je fus exact. Elle m'accueillit avec bonté; nous parlâmes de la musique, qu'elle idolâtre; puis, littérature, beaux-arts, poésie, modes, politique, tout l'écheveau fut dévidé. Je lui racontai comment on l'avait surnommée au théâtre la *grand'maman*, après qu'on l'eût vue, pendant quelques représentations, entourée de trois beaux enfants dans sa loge.

Elle poussa un soupir et essuya une larme. Je venais de faire vibrer étourdiment une corde douloureuse.

Je tâchai alors de donner à la conversation un autre tour. J'avisai sur la table, auprès de laquelle nous étions assis, une petite tabatière en bois des îles, incrustée de nacre, d'écaille et d'ivoire; sur ces incrustations se détachait un petit médaillon d'or portant un chiffre buriné. Mon visage refléta sans doute quelque étonnement. « Rassurez-vous! me dit-elle en souriant, je ne prise pas. Cette tabatière a appartenu à mon père, dont voici le portrait. Vous voyez, ajouta-t-elle, qu'elle ne date pas d'hier ! Je tiens à ce brimborion, d'abord à cause de son origine, c'est bien naturel, mais aussi parce que c'est un petit nid de fées.

— Un nid de fées ! répétai-je en ouvrant de grands yeux, car ce mot de fées a conservé tout le prestige qu'il avait autrefois, quand ma bonne mère me contait les contes de Perrault, qu'elle contait si bien, ma bonne mère !

— Oui, un nid de fées ! répéta la grand'maman, et si vous voulez venir passer une heure ce soir ici, dans ce vieux salon, au coin de mon feu, vous entendrez ces petites fées babiller comme des pies. »

Je n'eus garde de manquer au rendez-vous.

« Veuillez sonner, » me dit-elle après quelques instants de conversation.

Je sonnai ; Guillaume parut.

« Emportez les flambeaux, dit la grand'maman. Cette clarté les effrayerait, ajouta-t-elle en me regardant ; c'est bien assez du feu qui pétille dans l'âtre ! »

Nous nous installâmes près de la cheminée. Bientôt la tabatière s'agita, et nous entendîmes comme un imperceptible gazouillement, puis le bruit devint plus distinct, et mon oreille perçut des sons intelligibles.

« Que l'homme est cruel, dit une des fées, charmante petite personne haute de trois centimètres, dont la robe éclatante revêtait toutes les couleurs du prisme : c'était la fée Nacrée. Que l'homme est cruel, et que Dieu nous a donné en lui un maître implacable !

— C'est vrai ! c'est vrai ! dirent les autres fées. Il nous asservit à ses besoins les plus vulgaires et les plus grossiers.

— Triste destinée que la mienne ! reprit la fée Nacrée. J'ai vécu au fond des mers, parmi les algues gigantesques, les branches de corail et les madrépores aux formes bizarres. J'étais une coquille bien humble, bien modeste ; mon apparence était rude, et les poissons qui passaient auprès de moi, agitant leurs écailles d'or, ne faisaient guère attention à cette coquille grossière ; mais j'avais la conscience de ma valeur ; je sentais que j'avais en moi des trésors de grâce et de beauté, trésors que j'entr'ouvrais parfois avec coquetterie. Ce que les habitants des régions sous-marines n'auraient jamais soupçonné, hélas ! l'homme le devina !

« Un jour, je me sentis entraînée loin de mon élément natal. Un pêcheur qui habitait avec sa famille sur les bords du golfe Persique plongea hardiment dans les profondeurs de l'Océan, s'empara de moi d'une façon assez brutale, puis, à l'aide d'un instrument, il sépara mon enveloppe de ma substance nacrée. Des marchands passèrent par là, ils m'achetèrent, puis me revendirent à d'autres marchands qui me transportèrent bien loin.

« Enfin on m'embarqua à bord d'un navire qui me conduisit en Europe. De voyage en voyage, de main en main, j'arrivai jusque dans un atelier de Paris où des ouvriers tabletiers me morcellèrent. Je ne puis me consoler quand je songe que j'ai tant souffert, traversé tant d'épreuves, que j'ai été arrachée du fond de la mer à six mille lieues d'ici, pour finir par orner une tabatière, une vile tabatière. Haine aux priseurs !

— Haine aux priseurs ! » répétèrent avec enthousiasme toutes les autres fées qui semblaient écouter les lamentations de leur compagne avec cette attention et ce recueillement que Virgile a si bien dépeints au moment où Énée va commencer devant Didon le récit de ses poétiques aventures.

« Si du moins, reprit la fée Nacrée, j'avais servi à confectionner un de ces petits meubles mignons destinés aux femmes, je me consolerais ; mais être incrustée dans une tabatière, quel supplice pour moi qui ai avec la perle tant d'analogie et tant de liens de parenté, car enfin les savants eux-mêmes ont nommé ma coquille *avicule perlière* ou *mère- perle !*

— Ne me parle pas des savants, dit la fée Écaille, petite brune délicieuse, ils prisent presque tous. Que je comprends, ô ma sœur ! et comme je partage ta peine ! Qu'avons-nous fait au ciel pour avoir mérité un tel sort ? Être incrustées dans une taba- tière, contenir une poudre sale et irritante, au lieu d'être placées sous quelque forme gracieuse, dans des mains féminines, dans des mains fluettes et délicates, c'est intolérable !

— Ne sommes-nous pas compatriotes ? dit la fée Nacrée.

— Oui, répondit la mignonne fée Écaille, en ce sens que nous venons toutes deux de l'Océan, mais je suis née dans les mers du Japon. Ma mère était une tortue de race aristocratique; nous ap- partenons à la noble famille des *Caret*, qui four- nit l'écaille la plus pure et la plus estimée. La *tor- tue caret* est supérieure de cent coudées à la *tor- tue franche*, qui est la tortue plébéienne, celle dont l'écaille est réservée aux usages communs.

« Depuis que les hommes ont découvert le parti qu'ils pouvaient tirer de nos dépouilles, ils font à notre famille une rude guerre. Les Indiens, les

Chinois, les Américains, les Japonais, sont ingénieux à pêcher la tortue, qui est généralement
fort bonne personne et sans défiance. Nous sommes pour eux une source de richesses. Jugez donc!
La carapace, qui est notre partie dorsale, le plas-
tron ou partie inférieure, nos écailles marginales,
les ergots ou onglons qui enferment nos pattes,
tout est utilisé et consacré à des usages industriels. Les Anglais, peuple utilitaire par excellence,
sont allés jusqu'à faire avec notre corps un potage,
qu'ils ont la faiblesse de trouver excellent. Il n'y
a que des Anglais pour avoir une idée pareille!
Que la tortue leur soit légère! »

Toutes les petites fées accueillirent cette boutade
d'un éclat de rire argentin ; on eût dit un congrès
de fauvettes.

« Ne disons pas trop de mal des Anglais en particulier ni de l'homme en général, » répliqua un
des personnages qui n'avait rien dit jusque-là :
c'était la fée Éléphantine, éclatante de blancheur.
« Pour moi qui appartiens au plus intelligent, au
plus pudique, au plus gigantesque des animaux
terrestres, j'avoue que je ne puis me défendre
d'une profonde admiration pour ce bipède chétif

qui soumet hardiment à sa puissance la nature entière, qui arme des navires, traverse l'immense étendue des océans, explore tous les coins du globe, dompte toutes les forces de là création, transporte d'un point à l'autre de son vaste domaine les produits les plus divers, les échange, et multiplie ainsi ses richesses....

— Bon! murmura tout bas la fée Nacrée, voilà Éléphantine qui va nous faire un cours d'économie politique!

— Non! répliqua vivement Éléphantine, je ne veux pas vous faire un cours d'économie politique, mais je veux que nous rendions justice au génie de l'homme qui, en définitive, pour produire seulement cette tabatière, triste prison! a sondé la profondeur des mers, en a fait jaillir la nacre et l'écaille, s'est hasardé dans les forêts impénétrables, a tenté une lutte inégale avec le glorieux éléphant qui fut mon père, a transporté d'un bout du monde à l'autre les bois les plus rares....

— Ajoute, dit la plus éblouissante des fées, la fée d'Or, qu'il a creusé les flancs de la terre pour y chercher la parcelle de métal précieux incrusté sur cette même tabatière! Mais, je te demande pardon, ma sœur, de t'avoir interrompue. Continue, ma chère Éléphantine, dit la fée d'Or avec une dou-

ceur qui me surprit et me charma d'autant plus
qu'ordinairement les personnes de son espèce se
croient investies du droit d'impertinence.

— Je viens de prononcer le nom de mon père,
dit Éléphantine ; c'était bien le plus noble et le
plus généreux des éléphants ; il fut victime de son
dévouement et de son amour pour ma mère. Il
était d'origine africaine, mais des liens de parenté
l'unissaient aux grandes races de l'Asie. Il avait le
plus profond mépris pour les éléphants blancs de
Siam, qui ne sont que des éléphants ordinaires
dont la peau est devenue blanche à la suite d'une
maladie cutanée, et pour les prétendus éléphants
rouges qu'on a vus au Cap, et sur le compte desquels les savants ont si longtemps discuté, sans se
douter que ces animaux ne devaient cette couleur
qu'à une sorte de terre rougeâtre dans laquelle ils
aiment à se vautrer.

« Un jour, mon père, en rentrant au logis, ne
trouva pas ma mère. Un éclair de jalousie illumina
ses yeux ; sa trompe s'agita avec des mouvements
convulsifs ; mais ce doute injurieux pour l'honneur de sa compagne ne fit que traverser son cerveau. Ma mère, en effet, n'était pas une personne
légère et évaporée ; elle était incapable d'oublier
ses devoirs et de trahir la foi conjugale. Pressen-

tant quelque danger, mon père se mit aussitôt à
la recherche de sa fidèle épouse. Hélas! des nègres étaient parvenus à s'emparer d'elle et l'avaient
enfermée dans une enceinte de pieux, espérant
bien qu'attiré par les gémissements de leur victime, mon père viendrait s'offrir de lui-même au
piége qu'on lui tendait. Cette cruelle espérance ne
fut pas trompée. Mon père vit le péril et l'affronta
bravement; il soutint une lutte désespérée, mais
il succomba sous le nombre. Les nègres avaient
enlacé ses jambes dans de forts nœuds coulants;
il tomba; aussitôt ses ennemis lui coupèrent les
jarrets et le tuèrent à coups de zagaies.

« Dès qu'il fut mort, on scia avec soin ses défenses formidables, qui n'avaient pas moins de
cinq pieds de long. Vous savez que l'ivoire des
éléphants d'Afrique, désigné sous le nom d'ivoire
de Guinée, est le plus estimé à cause de la pureté
de sa teinte et de la finesse de son grain. Les autres variétés d'ivoire, celui du Cap, celui du Séné-
gal, celui de Ceylan, celui de l'Inde, sont moins
recherchées. Je dois dire, cependant, que l'ivoire
de Ceylan a une légère nuance rosée qui me paraît
préférable à la nuance verte dont on fait grand
cas. Quant à l'ivoire bleu, plus connu sous le nom
de turquoise, c'est tout simplement de l'ivoire fos-

sile dont le phosphate de chaux a été coloré en bleu par un oxyde métallique.

— Dis donc, Éléphantine, interrompit avec un sourire narquois la fée Nacrée, puisque tu es si savante, dis-moi comment il peut se faire que tu souffles à la fois le froid et le chaud, comme le satyre de la fable, et que tu sois renommée pour ta blancheur et pour ton beau noir, car, si je ne me trompe, on fait grand cas du noir d'ivoire !

— Le noir d'ivoire, répondit Éléphantine, n'est autre chose qu'un charbon fait avec de l'ivoire calciné dans des vases parfaitement clos. Ce charbon, réduit en poudre, est d'un velouté si fin, si doux, si brillant, que les peintres le préfèrent à tous les autres noirs obtenus par la calcination des os. A vrai dire, j'aime encore mieux avoir servi à incruster cette tabatière que d'avoir été calcinée. Mais si j'avais été maîtresse de ma destinée, j'aurais voulu qu'un artiste me transformât en statuette et me donnât ainsi l'immortalité.

— Et moi, dit la fée Nacrée, j'aurais voulu être un éventail dans les mains d'une belle jeune fille andalouse !

— Et moi, ajouta Écaille, j'aurais voulu être transformée en peigne et contenir l'opulente chevelure de la belle Andalouse !

— Et moi, dit la fée des Bois, qui n'avait rien dit jusque-là, j'aurais voulu être le coffret dans lequel elle aurait enfermé ses bijoux et auquel elle aurait fait toutes les confidences de sa coquetterie.

— Et moi, dit la fée d'Or, j'aurais voulu être l'anneau de ses fiançailles.

— N'est-ce pas qu'elles sont très-amusantes? » me dit la grand'maman qui jouissait de ma surprise. J'allais répondre, mais déjà la fée des Bois avait commandé le silence.

« Vous vous plaignez toutes, dit-elle à ses compagnes, du triste sort que vous a infligé le caprice de l'homme et de la dure captivité où nous gémissons pour longtemps encore ; mais que devrais-je dire, moi qui ai vécu dans les splendeurs de l'atmosphère, moi qui ai reçu les sourires du soleil, moi qui ai abrité dans mon feuillage des milliers d'oiseaux aux couleurs éclatantes! Toi, ma sœur Nacrée, tu étais tristement enfermée dans une coquille, et si l'on admire aujourd'hui ta robe irisée, c'est à l'homme que tu le dois. Toi, chère fée Écaille, tu ne me persuaderas pas que ta destinée fut très-enviable lorsque tu servais de carapace à une tortue de mer. Quant à Éléphantine, je ne sais trop quel charme elle pouvait éprouver à être une des défenses du noble pachyderme qui mourut victime de son amour conjugal. La fée d'Or devait, ce me semble, couler des jours fort monotones quand elle était enfouie dans les flancs de la terre à l'état de minéral brut, mêlée aux matières les plus communes.

« L'homme vous a rendu à toutes des services quevous ne pouvez méconnaître sans ingratitude; il vous a arrachées à l'obscurité, il vous a donné votre éclat et votre valeur. Seule ici, j'ai à me plaindre, car le jour où la hache d'un bûcheron indien a frappé mon tronc robuste, j'étais dans les plus heureuses conditions d'existence, je m'épanouissais sous le ciel; le soleil m'enivrait de ses baisers, et quand venait la nuit, la nuit tiède et rayonnante ! les brises amoureuses murmuraient à travers mon feuillage des hymnes de tendresse et de volupté.

« Si vous saviez comme elle était belle et harmonieuse la forêt dans laquelle je suis née, dans laquelle j'ai grandi. Là croissaient en liberté le *Courbaril résineux* dont le vaste tronc suffit à faire des roues et des affûts de canon d'une seule pièce; le *Laget à dentelle* dont les fibres intérieures sont si merveilleusement entrelacées et si souples, que les femmes en pourraient faire de fines guîpures ? puis toute la famille des ébénacées, le *Claquemi-nier*, l'*Ébénoxile*, le *Mabolo*, le *Jacarauda du Brésil*, dont le bois vert teint les mains quand on le travaille ; l'*Érable à feuilles de frêne*, originaire de la Virginie et si recherché des ébénistes européens ; l'*Érable à sucre*, le *Citronnier des Indes*, les essences si diverses qui fournissent ce qu'on appelle vulgairement les bois de fer ; que sais-je encore !

— Mais, dit Éléphantine, quelle était ta famille, quel était ton nom, à toi ?

— Les savants, que Dieu leur pardonne ! ont donné à ma famille un nom barbare : la *Tétrandrie monogynie !* mais mon vrai nom, c'est *Balsamier ;* la Jamaïque fut la patrie de mes ancêtres ; c'est moi qui avec le *Liseron* à *bouquets* des Antilles, le *Licais de Cayenne* et quelques autres arbres de la Chine et des Canaries, fournis ce bois si précieux que l'on désigne sous le nom de bois de rose ou de bois de Rhodes, ce qui revient au même, puisque l'île de Rhodes est l'île des Roses. C'est la couleur primitive et l'odeur de notre bois qui nous ont fait donner cette désignation charmante, bien préférable à toutes les désignations scientifiques.

« J'étais bien le balsamier le plus heureux de la terre. Un jour, pendant que j'écoutais les confidences d'une jeune colombe, j'entendis un bruit sourd et je ressentis en même temps une douleur mortelle. C'était le bûcheron qui me frappait. Je voulus me plaindre. « Allons! me dit l'Indien en chantant une chanson populaire ; allons! beau balsamier! il y a assez longtemps que vous êtes là oisif à contempler les étoiles et à faire l'amour avec les papillons. Le temps du labeur est venu!»

« Hélas! oui, le temps du labeur était venu et celui de la douleur aussi. On me transporta, on fit pénétrer la scie à travers mes fibres embaumées, on me divisa en lames très-minces qui ont servi à faire des meubles coquets. C'est avec un de mes fragments que le tabletier a eu l'idée de faire cette tabatière. Combien peu de personnes se doutent, en voyant cet objet futile, que pour réunir les matériaux qui le composent, il a fallu remuer le monde, mettre à contribution l'Océan, les forêts immenses, creuser la terre, rapprocher les continents par le commerce; il a fallu que des navigateurs intrépides découvrissent des contrées lointaines, des pays inexplorés! Cette simple tabatière, en un mot, est le résumé de toute l'activité, de toute la science et de toute la civilisation humaines.»

La fée des Bois en était là de son dithyrambe économique et social, lorsque malheureusement une des bûches du foyer projeta tout à coup dans le salon une clarté si vive que les petites fées effrayées disparurent, reprirent leur place dans les incrustations de la tabatière, et tout rentra dans le silence.

« C'est fâcheux, dit la bonne grand'maman, que cette clarté soit venue interrompre leur babil ; je ne les avais jamais vues si animées que ce soir. Voulez-vous sonner, monsieur? Guillaume peut apporter les flambeaux.

— Je ne puis croire, madame, ni à ce que je viens de voir ni à ce que je viens d'entendre; vos petites fées sont charmantes, et elles m'ont appris bien des choses que j'ignorais. »

La pendule marquait près de minuit ; cette soirée féerique avait passé comme un éclair. Je pris congé de l'aimable et bonne femme.

« A demain! me dit-elle. Vous savez qu'Alboni chante dans la *Gazza;* vous viendrez me faire votre cour pendant un entr'acte. »

Je m'inclinai et sortis.

J'ai voulu vous raconter cette curieuse soirée pendant que les moindres détails, les moindres paroles en étaient encore présents à mon souvenir. Mon récit ne peut malheureusement donner qu'une idée fort incomplète des fantastiques personnages que j'ai eus sous les yeux pendant deux heures. Beaucoup de personnes crieront à l'invraisemblance..., mais je n'ai pas le temps de leur démontrer l'exacte vérité de mes assertions, car il est tard, le premier acte de la *Gazza ladra* doit être commencé, et vous savez que la grand'maman m'attend, pendant l'entr'acte, dans sa loge, où je vais, de ce pas, faire ma cour à ses soixante-neuf ans qu'elle porte avec tant de bonne grâce, tant d'esprit et tant de gaieté.

XIII

LES AVENTURES

D'UNE CROÛTE DE PAIN

XIII

LES AVENTURES

D'UNE CROÛTE DE PAIN.

Quand j'étais enfant, je me souviens que ma mère, — quel mot charmant, ma mère ! je me surprends parfois le répétant tout bas sur tous les tons, et je ne sais pas pour mon cœur de plus douce musique, — quand j'étais enfant, dis-je, il y a bien longtemps de cela, ma mère, pour m'enseigner à ne pas gaspiller le pain du bon Dieu, me disait qu'après la mort, chacun de nous était condammé à ramasser une à une toutes les miettes qu'il avait laissé se perdre.

Je ne sais si c'est la crainte de ce châtiment,
mais j'ai toujours eu pour le pain un respect in-
stinctif; et, chaque fois qu'il m'arrive d'en rencontrer sur ma route un morceau égaré, si souillé
qu'il puisse être, je le prends et je le pose sur une
borne ou sur l'appui d'une fenêtre, pour le sous-
traire aux pieds des passants. Qui sait si un pauvre être humain ne sera pas heureux de trouver
ce débris échappé d'une table opulente ou des
mains d'un enfant insoucieux?

Il y a quelques jours à peine, je heurtai sous
mes pas, dans une des rues les plus silencieuses
de Passy, un morceau de pain dont la croûte était
dorée. Suivant mon habitude, je le ramassai soigneusement et le mis en lieu sûr. Je continuai
mon chemin, et je ne sais pourquoi je pensai toute
la journée à cette rencontre.

Le soir, en repassant par le même endroit, je
n'eus garde d'oublier le morceau de pain; il était
vivement attaqué par cinq ou six moineaux effron-
tés qui s'en donnaient à cœur joie, et qui becquetaient, becquetaient en piaillant avec enthousiasme.
A mesure que j'approchais, ils perdaient un peu de
leur audace; ils finirent par aller se percher sur
une clématite voisine, qui épanouissait avec
amour ses étoiles blanches et embaumées, et de

là ils défilèrent contre moi tout un chapelet d'injures, dans leur langage peu harmonieux.

La croûte de pain, en me revoyant, sembla sourire et s'agiter. Jugez de ma surprise quand je
l'entendis m'adresser la parole en assez bon français, mais avec un accent étranger très-prononcé.

« Je te remercie, me dit-elle d'un ton familier,
je te remercie de m'avoir recueillie ce matin et de
m'avoir surtout placée ici. Ces moineaux que ta
présence vient de mettre en fuite ont fait mon
bonheur. Ils se racontaient mutuellement leurs
déprédations dans les vergers du voisinage. Et
puis, quand les oiseaux du ciel mangent le pain,
le pain se fait illusion et s'imagine que toute créa-
ture humaine en a suffisamment pour vivre. Mais
cette illusion n'est pas de longue durée. Tiens!
vois ce pauvre mendiant là-bas; que sa figure
pâle atteste de privations et de souffrances!
Prends-moi, tu me jetteras dans sa besace, et ce
soir peut-être j'aiderai ses enfants à vivre, ce qui
vaudra mieux encore que de servir de pâture à
ces moineaux audacieux, mille fois plus heureux
que la plupart des hommes. Chemin faisant, nous
deviserons. »

J'étais stupéfait de rencontrer tant d'intelligence et de sensibilité dans ce fragment de matière. La croûte de pain paraissait jouir de mon étonnement.

« Ah! ah! me dit-elle en souriant, tu en es là encore; tu t'imagines que la vie réside dans l'homme seulement et dans les animaux qui peuplent son domaine. As-tu donc oublié ton catéchisme? Dieu a tout créé, donc tout est en Dieu, tout est par lui. La vie plus ou moins manifeste, plus ou moins latente réside, à des degrés divers, dans tout ce qui existe; dans le brin d'herbe, dans la fleur aussi bien que dans les astres innombrables dont l'espace infini est peuplé. Ce ne sont pas seulement les cieux, c'est toute la création qui raconte la gloire de Dieu.

— Je sais bien, lui dis-je, que la vie.... »

Mais m'interrompant aussitôt et répliquant avec une vivacité inouïe :

« Tu sais, dit-elle, ou du moins tu crois savoir; mais je soupçonne que tu es de ceux dont a parlé le moraliste anglais, qui ne savent jamais rien parce qu'ils comprennent tout trop vite.

— Voyons, petite croûte de pain, répliquai-je à

mon tour, ce n'est guère la peine de m'humilier en faisant parade de ta science. Je suis surpris, il est vrai, de te trouver si intelligente, si avancée, et j'avoue que je ne m'y attendais guère; mais ma méprise n'a rien que de flatteur pour toi. Dis-moi donc qui tu es, d'où tu viens? N'es-tu pas une de ces fées, bonnes ou mauvaises, dont les contes ont bercé mon enfance?

— D'où je viens? Ah ! c'est une longue histoire que tu me demandes. Je suis originaire de la Perse, mais par mes aïeux je remonte aux temps mythologiques. J'eus pour ancêtre un des premiers épis qui furent honorés à Éleusis comme le don le plus précieux que les dieux eussent fait aux hommes. C'est par notre famille, c'est par le grain de blé que toute société, toute civilisation ont débuté.

« Je viens de prononcer le nom d'Éleusis, et quand je mesure la distance qui, de l'état d'abjection apparente où je suis tombé, me sépare des splendeurs de cette petite ville de l'Attique, je ne puis me défendre d'une émotion douloureuse. C'était le bon temps de ma race! En visitant la Grèce, tu as sans doute vu les ruines d'Eleusis. C'était là que régnait un roi constitutionnel, S. M. Céléus Ier.

« Une divinité de l'Olympe, la blonde Cérès, vint lui demander l'hospitalité dans ses États.

« Quoique déesse, et déesse de premier ordre, Cérès était au désespoir. Sa fille Proserpine avait reçu les hommages du roi des enfers, le sombre Pluton, qui éprouvait le besoin d'avoir une compagne dans son ténébreux empire. Les jeunes divinités ne se souciaient guère de quitter le splendide séjour des dieux, où l'on s'amusait beaucoup, dit-on, pour suivre au fond des enfers un monarque assez laid qui jouissait d'ailleurs d'une réputation d'amabilité fort contestée.

« Proserpine, qui n'avait pas le caractère enjoué, tant s'en faut, ne fut pas effrayée de cette perspective, et comme Cérès, sa mère, se serait opposée à un mariage si disproportionné, la jeune déesse consentit à se laisser enlever par Pluton, ce qui était fort mal.

« Cérès donc courut à la recherche de sa fille bien-aimée, et ce fut pour se remettre de la fatigue causée par ses longues pérégrinations qu'elle vint se reposer à la cour de Céléus, qui la reçut avec tous les honneurs dus à une si gracieuse divinité. Elle en fut touchée et voulut remercier dignement le roi d'Éleusis.

« Céléus Ier avait pour fils unique un beau grand

garçon nommé Triptolème, qui ne sut pas dissimuler à Cérès qu'il la trouvait fort belle. Que te
dirai-je? on a beau être déesse, on est de son sexe
avant tout. La tendre Cérès ne fut pas insensible
à l'amour de Triptolème, et un jour qu'ils se pro-
menaient tous deux sous des berceaux de lauriers
roses, la déesse révéla à son jeune amant l'art
d'ensemencer et de récolter le blé.

« Triptolème, à son tour, révéla ce secret à son
père, qui le révéla à ses sujets, et le royaume
d'Éleusis devint bientôt le royaume le plus floris-
sant de la Grèce. Pour célébrer cette grande et
heureuse découverte, Céléus institua les fêtes
d'Éleusis, qui duraient neuf jours, et qui attiraient
un grand concours de population.

« Je n'ai pas besoin de te dire que nous con-
servons pieusement dans notre famille la tradition
de ces solennités, le souvenir de ces chars traînés
par des bœufs, chargés de gerbes et de fleurs
éclatantes; de ces blanches théories de jeunes filles,
portant dans des corbeilles d'or, que recouvraient
des voiles de pourpre, les premiers grains de la
moisson; et aussi de ces jeux gymniques auxquels
concourait toute la jeunesse du pays et à la suite
desquels le vainqueur recevait pour récompense
une mesure d'orge. Ces fêtes furent en honneur

jusque sous le règne de l'empereur Théodose, qui les supprima.... »

Je me pris à rire en entendant ce verbiage.

« Mais que me contes-tu là, dis-je à la croûte de pain? Je ne t'ai pas demandé un cours de mythologie. Je voulais savoir qui tu étais, d'où tu venais ; je voulais connaître ta propre histoire et non celle de Cérès, de Proserpine ou de Triptolème.

— Patience! me répondit-elle en faisant une légère moue ; j'allais te satisfaire quand tu m'as interrompue. Il fallait bien commencer par le commencement pour te faire comprendre que je ne me plains pas sans raison de l'ingratitude des hommes.

« Je ne veux pas te parler des honneurs divins que les habitants de l'Attique rendirent à Triptolème après sa mort, mais qu'est devenue la reconnaissance des peuples? Qui donc songe à honorer, comme l'a dit un poëte que tu as tendrement aimé,

> Ce brin d'herbe sacré qui vous donne le pain.

« Si tu savais ce que nous souffrons avant de devenir l'aliment nourricier de votre espèce! Que de travaux! que d'efforts!

« Il me semble que c'est hier encore. Nous étions dans une des plus riches plaines de l'Orient, sous un ciel splendide.

« Un pauvre fellah entr'ouvrit légèrement la terre, et moi, pauvre petit grain de blé que le soleil avait doré dans le sein de l'épi paternel, je fus enfermé avec une multitude de mes frères dans ce tombeau où devait s'accomplir ma première transformation.

« Privé d'air et de soleil, il fallut me livrer à un rude travail, à un douloureux suicide, pendant qu'au-dessus de moi et à la surface du sol j'entendais chanter les alouettes et murmurer les insectes. Je pris à la terre ses sucs les plus âcres, et bientôt je fus atteint d'hydropisie. Quel effet étrange je ressentis alors! Je compris que j'allais mourir et qu'en même temps j'allais revivre pour goûter les bonheurs de la maternité.

« Bientôt je vis jaillir de mon sein une tige imperceptible, et j'éprouvai un tressaillement ineffable. J'étais mère! Il fallait sauver à tout prix cette tige sacrée. Il fallait à la fois lui conserver les bienfaisantes communications de la terre, et pour cela j'étendis sous les pieds de la tige des racines qui remplirent l'office de pompes aspirantes, et demander au soleil la chaleur de ses rayons.

« A force de persévérance, je parvins à soulever la couche qui m'enveloppait, et j'arrivai à l'air, à la lumière. Ce fut un bien beau jour, celui-là ! Je grandis ; ma tige se couvrit de feuilles qui retombaient nonchalamment, pareilles à la chevelure d'une odalisque indolente. Peu de temps après, mon épi se forma et se couvrit de fleurs délicates dont les mystérieuses amours enfantèrent toute une famille de grains.

« Ce fut l'époque brillante de ma vie. Avec quelle joie je recevais les baisers du soleil ! Comme j'aspirais avec délices les parfums des brises matinales ! Les oiseaux, les papillons, les insectes passaient au-dessus de ma tête et me saluaient de leur sourire. Le fellah qui m'avait ensemencée venait de temps à autre, avec sa femme et ses enfants, me débarrasser des plantes parasites, des jaloux qui enviaient mon bonheur et ne cherchaient qu'à me nuire.

« Avec quelle fierté je portais mon épi qui se dorait et s'alourdissait de jour en jour ! Hélas ! je ne m'attendais guère au sort qui allait me frapper.

« Un matin, je vis le fellah armé d'un morceau de fer arrondi. Qu'allait-il faire ? Je l'ignorais, mais le doute ne fut pas de longue durée. Mes compagnes tombèrent sous le fer, et bientôt frappée à mon tour je fus jetée sur le sol. Je crus que c'en était fait de moi, quand un épi voisin me dit : « Rassure-toi, nous allons mourir pour renaître « encore; de même que nous sommes morts à « l'état de grain pour arriver à une vie supérieure et devenir épi, de même.... »

« L'arrivée du fellah l'interrompit. Le rude paysan s'empara des blonds épis, à larges poignées, et les lia pour en former des gerbes. Redoutant cette captivité et cédant à une frayeur instinctive, je me cachai sous les chaumes si bien que j'échappai à l'avidité du maître. Je passai la nuit ainsi, en proie aux plus tristes réflexions, et contemplant le spectacle grandiose du ciel.

« Le lendemain matin, j'aperçus une pauvre vieille femme qui parcourait le champ et ramassait les épis oubliés. Elle avait l'air si malheureux, et elle paraissait si joyeuse quand elle en découvrait un, que je sortis de ma retraite et m'offris à sa main. Sa moisson terminée, la vieille glaneuse nous réunit en faisceau et nous porta sur un marché où, en échange de quelques pièces de monnaie, elle nous livra à un marchand.

« Nous fûmes transportés sur une aire et foulés sous les pieds des chevaux. J'eus la douleur de voir tous mes grains, tous mes beaux enfants blonds, dispersés çà et là. Quand cette opération fut finie, des hommes recueillirent les grains soigneusement. On nous entassa tous pêle-mêle dans des sacs, et on nous transporta dans un grand port qui se nommait Alexandrie; on nous chargea sur un navire, et nous fûmes conduits à Marseille, où commencèrent les plus cruels tourments.

« On nous jeta d'abord avec peu de ménagements sur un quai, puis on nous conduisit, à travers de grands fleuves et sur des routes de fer où piaffaient des chevaux de feu, dans un lieu de supplice; je sus depuis que c'était une minoterie. Nous fûmes broyés tous ensemble sous une meule formidable et réduits à l'état de farine. On nous plaça ensuite dans de grands tamis pour séparer nos parties ligneuses des parties nutritives.

« Le croirais-tu? Loin de détruire la vie en moi, ces divers supplices la multiplièrent à l'infini; chacune de mes molécules avait son existence propre et abritait dans son sein des myriades d'êtres invisibles qui étaient eux-mêmes des centres de petits univers plus imperceptibles encore. Je pénétrai avec joie dans ces mystères de l'infiniment petit, où Dieu se révèle avec autant de puissance et de majesté que dans les mystères de l'infiniment grand qui s'agitent au-dessus de ta tête.

« J'espérais vivre longtemps de cette vie latente, qui n'était pas sans charme, lorsque le sac de farine, dans lequel je me trouvais avec des myriades de molécules comme moi, fut vendu à un boulanger de Passy.

« Hélas! que de souffrances encore me restaient à traverser! Un homme aux bras vigoureux s'empara de nous, et, en nous mélangeant à de l'eau, en nous battant très-fortement, il nous transforma en pâte. Le pauvre homme! il paraissait souffrir plus que nous, à en juger par les sourds râlements qui, à chacun de ses efforts, sortaient de sa poitrine. C'est une honte, pour vous autres humains, que vous en soyez encore à manger du pain arrosé de la sueur du geindre, tandis que vous avez tant de moyens mécaniques d'empêcher ce contact impur!

— Ah! que tu as bien raison! » m'écriai-je. La croûte de pain venait de toucher à une question qui me tient au cœur. Je lui demandai pardon de l'avoir interrompue, et je l'engageai à reprendre son récit.

« Je suis au terme de mon odyssée, me dit-elle. Quand la pâte fut faite, reposée et *levée* à l'aide du levain, on la partagea en morceaux de formes diverses. On nous plaça dans un four brûlant où s'opéra la transformation définitive du blé en pain, et où j'acquis cette belle et appétissante couleur dorée. Va! crois-le bien, rien ne s'acquiert sans souffrance.

« Le lendemain, avant même que je fusse refroidie, on me transporta dans une grande et riche maison où tout abonde. Un bel enfant m'a prise tantôt dans sa main, et, avec l'insouciance de son âge, ignorant tout ce que je représente de labeur humain et tout ce que je vaux, m'a laissé tomber à la place où tu m'as recueillie ce matin.

« Et maintenant quelles seront les phases nouvelles de mon existence? Je l'ignore, mais je sais bien que rien ne meurt, que tout se transforme et progresse sans cesse. J'ai confiance en Dieu. Je ne me plains plus de tout ce que j'ai souffert. Tour à tour grain de blé, épi, farine, pain, j'ai connu des joies profondes. Partout où ma destinée me conduira, j'emporterai le souvenir de mes amours et de ma luxuriante floraison sous les ardeurs du soleil d'Égypte. Pour devenir l'aliment indispensable aux hommes, j'ai passé par bien des douleurs, mais je bénis Dieu, car mon existence a été privilégiée. Des mains d'un enfant je suis passée sous le bec des oiseaux, et voilà que bientôt tu vas m'engloutir dans la besace de ce vieux mendiant que voici. L'enfant, l'oiseau, le vieillard ! n'est-ce pas ce qu'il y a de plus gracieux, de plus charmant et de plus respectable sous le ciel ? »

Je n'eus pas le temps de dire un mot d'adieu. La petite croûte de pain alla pour ainsi dire d'elle-même se placer dans la main du mendiant, et je demeurai pensif, songeant à tout ce que je venais d'entendre, et répétant tout bas cette grande vé-rité : La vie est universelle, infinie et éternelle ; la mort n'est que la préparation et le seuil d'une vie nouvelle !

Croyez-moi, cher lecteur, si jamais vous ren-contrez une croûte de pain, recueillez-la d'abord, puis essayez de la faire causer. Vous n'y perdrez rien.

XIV

LES EXPANSIONS

D'UN VERRE DE BORDEAUX

XIV

LES EXPANSIONS

D'UN VERRE DE BORDEAUX.

Le moment est favorable pour raconter cette véridique histoire; Dieu a béni nos récoltes, les celliers regorgent de vin, nos vignerons ne savent où loger leur richesse; une futaille coûte aujourd'hui plus cher que le généreux liquide dont elle sera remplie. Dans certaines localités on a vidé l'eau des citernes pour les remplir provisoirement de vin; c'est le monde renversé.

Parlons donc vins et vignobles, ou plutôt permettez-moi d'en laisser parler tout à son aise un petit personnage beaucoup plus compétent en ces délicates matières que je ne le suis moi-même.

Connaissez-vous Bordeaux? Avant de répondre, réfléchissez bien. Si vous n'avez vu de Bordeaux que ses magnifiques quinconces, son majestueux quartier du Chapeau-Rouge, son théâtre monumental, ses grandes avenues, son pont sans pareil, ses quais admirables, ses grisettes célèbres, ses gracieux environs, les coteaux du Médoc et les crus dont les noms ont une réputation universelle, si vous n'avez vu que cela, vous ne connaissez pas cette cité glorieuse, si chère à tous les gourmets. Pour la connaître, pour savoir ce qu'elle est réellement, il faut avoir pénétré dans l'intérieur de quelques familles aisées, s'être assis au foyer domestique entre l'aïeule et les enfants, et avoir été témoin du culte extérieur dont le produit national y est l'objet; il faut avoir vu ces cristaux, ces amphores aux formes élégantes contenant la liqueur vermeille; il faut avoir entendu le Bordelais apprécier son vin dont il est si justement fier, le qualifier d'innombrables épithètes; il faut l'avoir vu tenir entre le pouce et l'index le verre à demi plein, l'agiter doucement pour dégager l'arome du vin, le déguster, le mâcher en quelque sorte entre les papilles nerveuses du palais.

C'est là sans contredit un des côtés les plus originaux et les plus curieux de la vie bordelaise.

J'assistais dernièrement à une de ces fêtes de l'intimité. Une nappe éblouissante de blancheur couvrait la table autour de laquelle se pressaient la famille et quelques amis. La salle à manger n'était déshonorée par aucune de ces bouteilles en verre noir si déplaisantes à l'œil, le vin ordinaire laissait apercevoir des reflets pailletés à travers des carafes de cristal uni ; puis d'autres vases de cristal, aux anses d'argent, affectant les formes les plus gracieuses et les plus variées, contenaient les vins de luxe appartenant aux années et aux crus les plus célèbres. Le maître et la maîtresse de la maison faisaient à leurs convives, avec une courtoisie et une bonne grâce charmantes, les honneurs de leur cave. Chaque fois qu'un de ces vases d'élite était débouché, on me faisait un rapide et spirituel historique du vin que j'allais boire : il avait été récolté en telle année, il avait fait le voyage de l'Inde, il était en bouteille depuis telle époque, etc., etc. Je dégustais sur parole, car, je dois le dire à ma honte, je suis un piètre gourmet. En revanche, je ne me lassais pas d'admirer l'élégante simplicité de cette table, le luxe coquet de ces cristaux au col élancé, au ventre rebondi.

Je ne pouvais tenir tête à tous ces vins sans risquer de perdre la mienne. Je laissai devant moi plusieurs verres pleins, malgré l'expresse recommandation du chansonnier qui prescrit de remplir son verre vide et de vider son verre plein. L'amphitryon eut le bon goût de ne pas me reprocher mon abstinence; mais, de temps à autre, je surprenais fixé sur moi son regard plein de pitié.

Vers la fin du repas, je fus bien étonné de voir un des verres placés devant moi s'agiter comme s'il eût été sous l'influence d'un *medium* quelconque; le vin bouillonna et se frangea d'une petite écume blanche et transparente.

« Qu'est-ce-ci? » me dis-je.

Un invisible esprit se dégagea du vin, promena un instant sous mon nez les plus pénétrants aromes, puis, me parlant à l'oreille avec ce léger accent gascon qui n'a rien de désagréable :

« Tu me dédaignes, dit-il, et je ne m'en plains pas ! C'est toi que je plains, c'est ton palais grossier qui ne sait pas apprécier de si délicates merveilles.

— Tu te trompes, répliquai-je, je ne suis pas aussi barbare que tu sembles le croire. Je sais bien ce que valent ces vins exquis, si généreusement prodigués, mais mon estomac et ma tête ne sauraient leur résister.

— Pauvre tête ! pauvre estomac ! dit l'esprit. Est-ce que le bordeaux peut nuire à l'une ou à l'autre ? Tiens ! ajouta-t-il après quelques instants de silence, je suis convaincu que tu ne te fais pas une juste idée de ma valeur, de mon influence. Je ne suis ni Bordelais, ni Bourguignon, ni Champenois ; je suis le génie du vin dans son acception la plus haute et la plus large. Je suis le sourire et la gaieté du genre humain, le lien des peuples, le symbole de toutes les grandes choses ; c'est moi qui ruisselais sur l'autel du sacrifice antique ; c'est moi qui porte les rayons du soleil au cerveau et dans le cœur de l'homme ; c'est moi qui soutiens le travailleur courbé sur sa tâche ingrate ; c'est moi enfin qui eus l'honneur d'être présenté par Jésus à ses disciples, la veille de sa mort, lorsqu'à ce suprême et douloureux festin, il leur dit : « Pre-« nez et buvez, ceci est mon sang ! »

Je l'interrompis.

« Oui, tu es bien cela en effet ; mais je te connais : n'es-tu pas aussi l'inspirateur et la cause de tous les désordres, de toutes les sauvageries, de tous les

abrutissements de notre pauvre espèce humaine ?
N'est-ce pas toi qui troubles les cerveaux les plus so-
lides, qui égares les cœurs, qui détruis l'intelligence,
qui dégrades l'homme au-dessous de la brute ?

— Est-ce tout ? me dit-il en coupant d'un petit
rire cristallin ma vertueuse tirade, est-ce tout ? Ton
indignation est très-légitime, mais elle se trompe
d'adresse. Ce n'est pas à moi que tu dois reprocher tous ces méfaits, je n'y suis pour rien. Je suis
le génie du vin, t'ai-je dit, mais ne suis pas le génie
de l'absinthe, de l'eau-de-vie, des liqueurs spiri-
tueuses sous quelque nom qu'elles se produisent,
et que je déteste comme tu les détestes toi-même.

« Je suis le vin généreux et pétillant qui ranime
et fortifie, le vin qui rend l'homme meilleur, le
vin qui rapproche et fait aimer ; je suis le
sang de la terre, la vivifiante chaleur du soleil, le premier-né de la vigne. Crois-tu qu'ils ont
bu du vin, ces malheureux que tu vois rentrer, le
soir d'un jour de fête, guirlandant les rues, abrutis
par l'ivresse ? Non ! ils ont bu je ne sais quels produits frelatés, quels infâmes mélanges, quelles
odieuses teintures ; mais ils ignorent le vin, crois-
le bien ! Tu me reproches les excès des hommes,
mais quelle est la bonne ou sainte chose dont ils
n'abusent pas, ces grands enfants ?

« N'ont-ils pas abusé de la justice, de la liberté, de l'autorité, de la parole, de la plume, de la religion ! Depuis quand l'abus est-il devenu un argument contre le légitime usage ?

« Écoute mon histoire, et tu verras si je suis digne du mépris dont m'accablent les buveurs d'eau, les membres des sociétés de tempérance.

« Je ne veux pas remonter à Noé ni même à l'époque de l'introduction de la vigne dans les Gaules. Je ne fais pas parade de ma généalogie ; je descends tout simplement d'un des ceps fameux qui furent apportés en France vers la fin du VIe siècle, par Peiresc, un de vos plus savants magistrats.

« Que de soins, que d'efforts, que de travail'il a fallu pour créer ces produits exquis dont ces vases sont pleins ! L'homme y a déployé toute son intelligence, toute son activité ; mais le grand, l'immortel ouvrier ici, c'est la nature, c'est Dieu, qui a donné aux ceps la faculté de chercher et de s'assimiler, dans les entrailles de la terre, les fluides les plus subtils, les substances les plus savoureuses, de les transformer en fleurs d'abord, puis en fruits que le soleil a mûris.

« Dieu a marqué la terre de France d'un divin signe ; il l'a dotée des fluides les plus purs et les plus pénétrants. Sur beaucoup de points du globe on récolte des vins d'un mérite incontestable ; l'Espagne, le Portugal, Madère, l'Italie et la Sicile, la Grèce, l'Asie, le nord de l'Europe, la Hongrie surtout, produisent des vins justement célèbres ; mais on les goûte plus qu'on ne les boit ; ils fatiguent en général l'organe du goût, ils impriment au système nerveux une surexcitation souvent dangereuse ; quand ils ne sont pas âpres ou violents, ils ont une saveur affadie que cause la surabondance de la matière sucrée. La France seule au monde possède dans les profondeurs de son sol, dans la qualité de sa température, dans ses courants atmosphériques, dans les liens aromaux qui l'unissent au soleil et à toutes les planètes ses filles, les éléments propres à la production de ces variétés innombrables qui répondent à toutes les fantaisies du goût le plus capricieux. Couleur, limpidité, séve, finesse, moelleux, bouquet délicat, gracieux parfum, ils ont tout pour eux, nos vins de France, que tu parais dédaigner, ingrat !

— Ingrat, c'est possible, dis-je, avec un ton d'impatience assez mal dissimulé ; mais tu m'as promis ton histoire, et tu me racontes là une foule de choses que je sais à peu près aussi bien que toi.

— Mon histoire est bien simple, me répondit-il. Il y a juste dix ans aujourd'hui, pendant que vous vous battiez à Paris pour faire une révolution, j'étais dans le sein de ce riche coteau que tu as visité hier et qui porte le nom célèbre de Château-Margaux.

« Dès cette époque, j'avais conscience de ma mission. Nous étions déjà en février, les brises printanières allaient arriver ; je savais que mes bourgeons devaient s'entr'ouvrir au soleil du printemps, à jour fixe. Je n'avais pas un instant à perdre. J'étendais mes racines innombrables dans tous les sens, et j'appelais à moi, de ma voix la plus douce, des millions de petits êtres fluidiques enfouis depuis l'origine de la création dans les flancs de la terre et impatients de la liberté, de la vie et du progrès. « Venez, » leur disais-je, « venez, pauvres « captifs, attachez-vous à mes racines, circulez dans « mes veines, soyez ma séve généreuse et bien-« faisante, montez à travers mes rameaux, épanouis-« sez-vous en bourgeons, soyez les nervures et le « tissu de mes feuilles, soyez mes fleurs, soyez « mes fruits savoureux, demandez au soleil ses « plus chauds rayons ; venez ! l'homme, notre « maître, a besoin de nous ! Les méchants génies « ont attaqué la vigne ; luttons contre eux ! Pré-

« parons à l'homme une boisson qui le rende meil-
« leur, qui l'enivre d'amour ! »

« A cet appel, des myriades de petites âmes répondirent. Elles arrivaient en phalanges serrées
des profondeurs du sol, ayant parfaitement conscience de la mission sociale à laquelle je les con-
viais. Elles pénétraient avec ordre à travers mes
racines ; les moins pures d'entre elles travaillaient
sans relâche à former l'écorce de mes branches ;
les plus éthérées, les plus délicates se pressaient
par myriades dans mes organes et formaient la
séve.

« Quand vinrent les tièdes haleines du printemps, une ardente émulation, dont rien ne peut
te donner une idée, s'empara de ces êtres micro-
scopiques ; ils étaient dans des extases de joie et
d'ineffables ravissements de bonheur lorsqu'ils se
transformaient en pampres, en fleurs et en fruits.
Quel étonnant et mystérieux travail ! Lorsque les
grains du raisin qui devait donner ce vin délicieux
d'où je viens de m'échapper, lorsque ces grains,
dis-je, furent formés, des légions nouvelles, sorties
des profondeurs du sol, vinrent leur apporter sans
relâche les substances, les parfums nécessaires à
la perfection des fruits. Les baisers du soleil firent
le reste, accomplirent la maturité ; mais, grâce à

la loi de solidarité qui unit entre eux tous les êtres, toutes les fractions de l'univers, notre labeur eût été inutile sans le concours de l'homme.

« La main du paysan avait préparé la terre, l'avait pourvue d'éléments nourriciers en y jetant ces masses de cadavres que vous désignez sous le nom peu harmonieux de *fumier*. Puis vinrent d'incessants travaux : il fallut labourer, planter et replanter, tailler, émonder, attacher la vigne, faire la guerre aux insectes nuisibles, aux plantes parasites. Quel pénible labeur !

« Enfin, l'heure de la vendange sonna. La vendange ! C'était à la fois ma mort et ma vie ! Je mourus en effet ; ma vie végétale cessa le jour où le vendangeur coupa la grappe et la jeta dans le pressoir, non sans l'avoir dégagée de tous les grains malsains ou corrompus.

« Quelle joie nous eûmes ce jour-là ! Ce fut un jour de délivrance pour ces innombrables petits êtres enfermés depuis si longtemps dans chacun de mes grains. A mesure que le pressoir déchirait la pulpe et ouvrait la porte de leurs prisons, ils s'échappaient joyeux, et leurs molécules roulaient en flots purpurins dans la cuve prête à les recevoir.

« Là commença une vie nouvelle et plus austère.

Adieu les brises matinales, adieu les rayons du soleil ! Je savais qu'une longue captivité, de dures épreuves m'attendaient ; que j'allais être enfermé dans un baril d'abord, puis dans une bouteille hermétiquement bouchée ; que je vivrais ainsi au fond d'une cave obscure, loin de tout bruit, loin de tout mouvement ; mais je savais aussi qu'à la fin de ces cruelles épreuves, ayant acquis des qualités précieuses, j'aurais mon jour de gloire, et que je réjouirais, je ranimerais le cerveau et le cœur de l'homme, que je m'assimilerais ainsi une vie supérieure.

« A peine la cuve dans laquelle avait ruisselé le précieux liquide se fut-elle refermée sur nous, que nous tînmes conseil. Pénétrés de la grandeur de notre mission, nous nous épurâmes mutuellement ; les moins bons d'entre nous, ceux qui n'étaient pas préparés à l'œuvre que nous devions accomplir, se détachèrent de leurs compagnons et montèrent en écume à la surface de la cuve ; c'est ce que vous appelez le phénomène de la fermentation.

« Quand ce travail d'épuration fut terminé, les vignerons nous placèrent dans de vastes prisons de bois fortement cerclées. Nous restâmes ainsi longtemps, objets d'une constante sollicitude. On nous embarqua à bord d'un navire ; nous fîmes de longs et périlleux voyages ; puis vint la seconde captivité, celle du verre.

« Chaque jour l'heure de la liberté sonne pour quelques-uns d'entre nous. C'est aujourd'hui mon tour, et c'est dans une extase de bonheur que nous attendons, mes compagnons et moi, l'instant où l'homme nous porte à ses lèvres pour nous faire participer à sa vie, à ses passions, à son intelligence et à son amour.

« Et maintenant, vas-tu nous dédaigner encore ? Souffriras-tu qu'en laissant dans ce verre de cristal, qui est là devant toi, ces globules vivants chargés de doux aromes, ces millions d'êtres fluidiques dont le vin est formé ; souffriras-tu, dis-je, que nous soyons rejetés sur la terre parmi les débris immondes dont je ne nie pas l'utilité, mais dont la destination pourtant est si inférieure à la nôtre ?

« Allons ! allons ! me dit l'esprit, ne sais-tu pas que quand le vin est versé, il faut le boire ? Délivre-nous, sauve-nous ! La vie est à un certain degré dans ce verre, comme elle est dans les aliments qui te nourrissent, dans la nature entière, dans le brin d'herbe aussi bien que dans l'immensité des cieux, dans les astres infinis qui peuplent, semblables à des paillettes d'or, le domaine de Dieu, notre père et notre souverain maître ! »

Je n'entendis plus rien. Une légère agitation se manifesta de nouveau. L'esprit invisible qui venait de me conter toutes les folies que je viens de transcrire était allé rejoindre ses frères. Je portai le verre à mes lèvres, je bus à lentes gorgées ce nectar délicieux, et chaque fois il me semblait entendre chacune des parcelles du liquide me remercier et me bénir comme si, en effet, je l'eusse conviée à une destinée supérieure.

Je demeurai longtemps silencieux et rêveur, ne prenant qu'une part distraite aux causeries qui petillaient autour de moi.

« Qu'avez-vous donc ? me demanda en riant le maître de la maison. Est-ce le vin qui vous attriste ? »

Je racontai alors à mes convives l'étrange hallucination à laquelle je venais d'être en proie, les confidences étranges de cet esprit.

On rit beaucoup et je fis de même. Seul, un beau vieillard assis auprès de moi ne prenait pas part à cette hilarité.

« Savez-vous bien, me dit-il en se penchant vers moi, que cette théorie de la vie universelle, de ces myriades d'êtres formant l'ensemble des manifestations qui éclatent à nos yeux dans l'infiniment grand aussi bien que dans l'infiniment petit, que cette théorie de l'élévation progressive des êtres vers Dieu n'est pas aussi folle que vous semblez le croire? Il n'est pas une molécule de matière, pas une molécule d'air qui ne soit peuplée de petits mondes, d'êtres imperceptibles et impalpables qui vivent de la vie de Dieu et obéissent à la loi de la vie universelle? »

Cet excellent vieillard poursuivit sur ce ton et me dit des choses qui me parurent fort sensées.

C'est égal, je ne nie rien de tout ce qui m'a été dit pendant cette soirée; je reconnais la puissance civilisatrice et sociale du vin, mais je maintiens que les petits êtres fluidiques et aromaux qui forment cette savoureuse boisson sont des diables dont il ne faut pas abuser. Buvons-en, avalons-en quelques-uns, ne fût-ce que pour avoir le diable au corps, mais ne les logeons pas dans notre estomac par légions trop nombreuses : ils y feraient un sabbat que je crois incompatible avec ce que nous avons de meilleur en nous, ils y causeraient de graves désordres.

XV

HISTOIRE ÉDIFIANTE

DE LA FAMILLE SAVON

RACONTÉE PAR UN DE SES MEMBRES

XV

HISTOIRE ÉDIFIANTE

DE LA FAMILLE SAVON

RACONTÉE PAR UN DE SES MEMBRES.

Rien n'est plus facile que d'être un aimable cau-
seur à Paris ; on n'y parle jamais que d'une seule
et même chose pendant quinze jours. La mode,
les circonstances politiques, un événement quelconque, donnent deux fois par mois à la population parisienne un sujet de conversation inévitable,
si bien que le matin, avant de sortir de chez soi,
on peut faire sa provision d'esprit et de bons mots ;

on est à peu près sûr d'en trouver le placement
avant la fin de la journée. Hier, c'étaient les tables
tournantes ou les chemins de fer; aujourd'hui,
c'est la paix ou la guerre. Essayez de n'en pas parler, et vous serez bien heureux si l'on se borne à
vous qualifier de crétin. — Mais je n'y entends
rien, direz-vous peut-être.— Tant mieux! c'est une
raison de plus pour en parler, et du ton le plus
tranchant.

A l'époque où se passe cette histoire, c'était la
question d'Orient qui était à l'ordre du jour. Nous
devisions donc des destinées de l'empire ottoman,
de celles de l'islamisme, etc.

« Savez-vous, dit l'un de nous, que les femmes
d'Orient sont fort belles ?

— Pas mal! répondit mon voisin, qui n'a jamais
perdu de vue les buttes Montmartre, pas mal !
surtout lorsqu'elles sortent du bain. » Ce mot
heureux, emprunté à un voyageur célèbre, faisait
partie des provisions de la journée; il fallait absolument en trouver le débit.

Une discussion très-vive s'engagea alors sur les
habitudes de propreté particulières à l'Orient et à

l'Occident, au Nord et au Midi. Les opinions les plus divergentes se produisaient au milieu d'un cliquetis de paroles étourdissant, et je songeais, à ce propos, que les hommes sont infiniment plus bavards que les femmes, lorsque soudain on heurta à la porte : Toc ! toc !

Un petit homme carré, trapu, la face veinée de blanc et de bleu, entra sans façon :

« Pardon, messieurs, dit-il en appuyant son poing sur sa hanche, et avec cet inimitable accent provençal qui ne manque pas de grâce parfois, lorsqu'il n'est pas excessif, ou lorsqu'on le rencontre sur la lèvre d'une personne aimée, — pardon, messieurs, je suis M. Savon, de Marseille ; vous ne me *remettez* pas ?

— Parbleu ! si, je vous reconnais, mon cher Savon ! fis-je en lui tendant la main : vous venez en droite ligne du quai de Rive-Neuve, en passant par la Canebière. Messieurs, j'ai l'honneur de vous présenter le roi des savons.

— Il ne s'agit ni de *roi*, ni d'*empereur*, répliqua le petit homme en grasseyant ses *r* avec majesté ; il s'agit *que j'étais* dans la pièce voisine , *que* je vous ai entendu discuter sur la propreté ; or, la propreté et moi, nous ne faisons qu'un. Je vois bien que vous ne connaissez pas l'histoire de mon illustre famille, je vais vous la dire en quatre mots. Si vous n'êtes pas contents, *bagasso !* c'est que vous serez bien difficiles. »

M. Savon se rengorgea, promena son regard sur l'assistance, puis il prit la parole en ces termes avec cet accent que vous savez.

« Messieurs, je pourrais vous parler pertinemment de la question d'Orient, puisque ce sont mes aïeux qui l'ont faite, je vous dirai tout à l'heure comment. Ma famille a fait mieux que la question d'Orient, elle a fait la civilisation tout entière, et ne croyez pas que je gasconne, je suis trop Marseillais pour cela ! Sans moi, vous seriez encore des sauvages, le blanchissage d'une chemise serait un objet de luxe. Nierez-vous que le linge blanc ne soit le signe le plus incontestable de la civilisation et du progrès ? Je le disais dernièrement, en me promenant *aux allées de Meilhan*, à un riche négociant arménien : Montre-moi ton linge, je te dirai qui tu es.

« Or, la civilisation est mon œuvre, comme je suis l'œuvre du génie marseillais. Les Gaulois nos pères fabriquaient un savon grossier fait avec de la graisse et du suif, et le prix de ce produit était tellement élevé que le peuple en ignorait l'usage. Vers le VIIe siècle environ, un industriel marseillais eut l'idée de fabriquer du savon à l'aide de l'huile d'olive. Il faut être juste pour tout le monde, cette grande révolution s'accomplit sous l'influence d'une belle et jeune femme dont l'histoire n'a pas même su conserver le nom. A quoi donc servent les historiens! La cité phocéenne, qui était déjà la plus florissante cité de la Méditerranée, dut à cette découverte une prospérité inouïe. En peu de temps les savons de Marseille jouirent d'une réputation incontestée, et de tous les points de la France, de tous les points du monde on se précipita sur ce nouveau produit avec une sorte de fureur. Ma ville natale marchait alors à la tête de la civilisation ; la culture de l'olivier prit un développement considérable, et en peu de temps Marseille produisit pour plus de quarante millions de francs de savon par année. Les femmes surtout firent la fortune des savons marseillais. Elles comprirent que là était pour elles le germe d'une puissance irrésistible. Le savon et les habitudes de propreté qu'il introduisit parmi les populations, modifièrent les mœurs ; le génie industriel de Marseille développa en France les

goûts chevaleresques et les traditions de galanterie qui firent et font encore de notre patrie la
nation la plus policée du monde.

« Avez-vous jamais recherché l'origine de cette
expression proverbiale : *Donner un savon à quel-
qu'un?* Vous savez que donner un savon à quel-
qu'un c'est lui adresser un reproche, c'est le laver
de quelque saleté morale. Dans l'origine, ce fut en
donnant ou en exprimant l'intention de donner un
morceau de savon à un homme, que les femmes
enseignaient la propreté du corps. Recevoir un
morceau de savon de la main d'une femme, c'é-
tait un sanglant affront et une leçon sévère. De
l'ordre matériel, la locution est passée dans l'ordre moral et a conservé sa signification. Par ce
seul fait vous pouvez juger de l'influence qu'ont
exercée mes ancêtres.

« Malheureusement la prospérité de Marseille
suscita de violentes jalousies. Sous prétexte de ré-
glementer la magnifique industrie, l'industrie sociale par excellence que les Marseillais avaient
créée, le pouvoir lui suscita des entraves sous lesquelles elle eût péri étouffée si elle n'eût eu en elle
une vitalité immortelle. Louis XIV, qui avait la
manie de toucher à tout, trouva que Marseille
produisait trop. Par un édit de 1688, il prescrivit

aux fabricants de fermer leurs ateliers pendant les mois d'été, à peine de confiscation des produits fabriqués pendant cette période. Il interdit en outre aux savonniers l'usage des huiles nouvelles, et afin de paralyser la culture des graines oléagineuses, qui sont devenues aujourd'hui une source de richesses, il défendit en même temps l'addition d'une huile quelconque à l'huile d'olives. Profitant de ces dispositions stupides, nos rivaux d'Italie et surtout ceux de Savone, qui les premiers avaient livré à la consommation un produit grossier et nauséabond auquel ils donnèrent le nom de leur ville, nom que nous avons eu la faiblesse de conserver, nos rivaux développèrent sur une plus large échelle leur fabrication, mais l'activité des industriels marseillais ne se laissa point abattre.

« Malgré les édits absurdes, en dépit de tous les obstacles, ils soutinrent la concurrence et conservèrent à leurs produits la supériorité qu'ils lui avaient imprimée.

« Plus tard, en 1754, l'édit de Louis XIV fut rapporté, mais on substitua des entraves nouvelles aux entraves anciennes. La révolution de 1789, qui ne fut autre chose qu'un savon donné par le peuple à la royauté, remplaça le régime de la réglementation inintelligente par une liberté absolue. La réaction fut égale à l'action. Libre de toute entrave, l'industrie ne sut pas se contenir elle-même, et Marseille, hélas! produisit des savons détestables contenant une énorme quantité d'eau. Il fallut en revenir au régime de la réglementation, et ce fut Napoléon qui s'en chargea ; toutefois je me plais à lui rendre cette justice qu'il sut se montrer bien plus sage et bien plus intelligent que Louis XIV. Il laissa la concurrence se développer à son aise, mais il imagina un système excellent, d'une haute moralité, qu'il eut le tort de ne pas généraliser, celui de la marque de fabrique. Il dit aux fabricants : « Je ne vous empêche pas de faire de mauvais savons, mais je veux que le consommateur connaisse l'origine des produits qu'on lui livre. Chacun de vous signera ses œuvres ; tout pain de savon livré à la consommation portera le nom et l'adresse du fabricant. » De ce jour, la fraude disparut : Marseille reprit sa position ; elle versa ses torrents de savon sur ses obscurs blasphémateurs.

« Le moment approchait cependant où notre industrie allait se trouver aux prises avec une difficulté inattendue qui nous aurait frappés de mort, si le génie national n'eût su en triompher. Il ne faut pas seulement de l'huile pour fabriquer le savon, il faut de la soude. Marseille demandait à Carthagène, à Alicante, à Malaga, à Ténériffe leurs soudes naturelles. Les grandes guerres impériales interceptèrent les communications. Plus de soude!

« Fallait-il dire : Plus de savon! Le monde allait-il retomber dans la barbarie? La civilisation allait-elle rétrograder parce qu'il plaisait aux hommes d'État de faire la guerre?

« La science vint à notre secours. Un homme dont le nom n'est pas assez connu et que nous devrions bénir chaque fois que nous mettons du linge blanc, découvrit la soude artificielle et affranchit la France du tribut qu'elle payait à l'étranger en échange d'un produit que l'étranger lui-même ne pouvait plus nous livrer. Cet homme, par une de ces mystérieuses combinaisons providentielles que nous attribuons sottement au hasard, cet homme prédestiné se nommait Leblanc.

« La routine se révolta d'abord, elle refusa d'employer les soudes factices, mais quand nos soudes naturelles du Languedoc furent épuisées, on eut recours à la découverte de Leblanc, et l'industrie en fit merveille. Voyez plutôt! ajouta

M. Savon en se dandinant agréablement et en pi-
rouettant sur lui-même.

« Je vous ai dit que mes ancêtres avaient fait la
question d'Orient, et vous avez paru douter, messieurs, reprit M. Savon en prenant son air le plus
sérieux. C'est pour exporter ses produits dans
les échelles du Levant que Marseille obligea les
rois de France à s'allier avec le Turc et à établir sa
protection sur ces bords, alors si lointains, que la
vapeur a rapprochés de nous. C'est à ma famille
que l'industrie doit le germe d'une institution qui
se généralisera un jour : la marque de fabrique
déjà appliquée au journalisme. Remarquez, messieurs, cette curieuse coïncidence : le savon et les
articles de journaux sont les deux seuls produits
soumis à l'obligation de la signature, et cela devait
être. Le journalisme est à la propreté des États ce
que je suis à la propreté des particuliers.

« Mais j'ai fait mieux que cela.

« Vous avez bien souvent entendu les économis-
tes parler de la division du travail. J'ai depuis
longtemps réalisé à cet égard les théories les plus
avancées. L'industrie du savon est la seule qui,
pour être exercée, n'exige pas de la part de l'industriel une mise de fonds considérable affectée à
la création de l'instrument de travail. Le capital

marseillais, plus intelligent et plus habile que tous les capitaux du monde, a créé l'atelier de savonnerie et mis cet atelier à la disposition de l'industrie. Un fabricant loue pour un certain nombre de jours une usine outillée, il y fait transporter ses matières premières, ses huiles et sa soude, en quantité proportionnée au nombre de *cuites* qu'il veut faire. Quand l'opération est terminée, il n'a plus de charges qui le grèvent, pas de capital dont il faille payer l'intérêt. Il part et cède la place à un autre.

« Voilà ce que j'ai fait ! MM. les Rouennais, MM. les Parisiens se sont imaginé qu'ils pourraient me détrôner, moi, Savon, natif de Marseille. Ils ont essayé bien des fois, ils recommencent encore, mais je les nargue. » Ici M. Savon appliqua son pouce sur l'extrémité de son nez et fit un de ces gestes familiers aux gamins de Paris, puis il nous salua poliment et sortit, nous laissant tous stupéfaits de cette faconde provençale dont nous avons seulement essayé de retracer quelques traits.

XVI

HISTOIRE

D'UNE TASSE A CAFÉ

XVI

HISTOIRE

D'UNE TASSE A CAFÉ.

On venait de dîner; les convives, nonchalamment assis et causant par petits groupes, aspiraient avec délices la senteur exquise du café. J'étais seul dans un coin, plongé dans un vaste fauteuil. Le maître de la maison, un petit vieillard chauve, aux yeux pétillants, chez lequel je dînais pour la première fois, s'approcha, poussa son fauteuil près du mien : « Vous avez employé, me dit-il, pour raconter l'origine et les procédés des diverses industries, une forme puérile, qui ne vous permet pas d'entrer dans les détails les plus indispensables et les plus intéressants. Vous mettez en scène un habit brodé, une robe de mousseline, un chapeau de satin, que sais-je! et vous chargez ces personnages fantastiques d'initier vos lecteurs à la connaissance des faits industriels qu'ils ignorent. Mais il arrive que ces personnages sont bien plus préoccupés de leurs propres aventures que des efforts, des vicissitudes, des luttes auxquels ils ont dû leur transformation, et il en résulte nécessairement des lacunes fâcheuses. »

J'essayai de me justifier; je dis à mon hôte que je n'avais jamais songé à faire sous cette forme des traités de technologie industrielle; que ma seule intention avait été d'amuser le lecteur, et, en l'amusant, d'attirer son attention sur des sujets qui, jusqu'ici, par le fait de la prédominance des débats politiques, n'avaient pas suffisamment attiré l'attention, etc.

« Je sais bien cela, répliqua le petit vieillard d'un ton narquois, mais vous autres écrivains, vous êtes ainsi faits : vous ne doutez de rien et vous croiriez plus facilement à votre infaillibilité qu'à celle du pape. Vous ne manquerez pas d'arguments pour me prouver que j'ai tort et que vous avez cent fois raison; ne discutons donc pas.

« Tenez, ajouta-t-il, vous avez dans vos mains une tasse de porcelaine de Chine; essayez de lui faire raconter son histoire, elle ne vous dira que des niaiseries; elle vous parlera de l'industriel chinois qui l'a façonnée, du peintre qui l'a décorée, de la jeune femme qui, la première, a posé ses lèvres là où vous posez les vôtres en ce moment; elle vous racontera comme quoi elle fut embarquée sur un navire de la compagnie des Indes, transportée à Londres, où je l'ai achetée; elle brodera sur ce thème toutes sortes de variations, mais rien de plus. Elle négligera les choses essentielles; elle ne vous dira rien de cette industrie du potier, aussi vieille que le monde, à laquelle il dut ses premiers fétiches, ses premiers dieux, qui fit éclore les premières notions de l'art et sans laquelle le sentiment religieux serait encore à l'état informe.

« Voulez-vous que je vous dise toute ma pensée sur l'homme? C'est un gros ingrat; il jouit de toutes les conquêtes si péniblement accomplies par les générations antérieures, et il n'a jamais un cri de reconnaissance pour les hardis pionniers qui ont défriché le sol avant lui, pour les travailleurs in-

trépides, les héros inconnus qui ont assoupli la
matière et préparé ses plaisirs. Il ne songe pas
que chacune de ses jouissances a coûté de gigantesques efforts. »

Je fis observer au vieillard que sans doute il
avait raison, que cette disposition d'esprit était
regrettable, mais que chaque génération payait sa
dette à celles qui l'ont précédée et en imposait
une à celles qui la suivront en travaillant à son
tour à perfectionner les procédés, à multiplier le
nombre des découvertes, à poursuivre l'œuvre
commencée; qu'il s'établissait ainsi entre les générations une sorte de compte courant qui, en
définitive, les acquitte l'une envers l'autre.

« O fatale influence des temps où nous vivons!
s'écria mon interlocuteur; voilà maintenant que
vous me parlez de compte courant, de doit et
avoir! Ainsi, vous vous croyez quitte envers vos
devanciers, ainsi vous croyez avoir payé la dette
de l'humanité envers Bernard de Palissy, envers
Josias Wedgwood et bien d'autres sans lesquels
vous mangeriez encore dans des vases grossiers
et poreux!

« Écoutez, monsieur!

« Nous avons un grand dédain aujourd'hui pour la poterie commune, pour la faïence, pour le grès. Déjà la porcelaine ordinaire ne nous suffit plus, et nous demandons à la Chine et au Japon leurs produits pour satisfaire nos fantaisies et nos caprices, bien qu'au même prix nous puissions obtenir chez nous des produits plus perfectionnés. Mais nous payons au poids de l'or une chinoiserie grossière et nous marchanderons misérablement les merveilles que crée notre industrie. C'est la mode !

« Quel sujet plus intéressant à développer cependant que celui des progrès accomplis pour le perfectionnement de la poterie commune, qui forme à peu près l'unique batterie de cuisine du pauvre ! Un potier, dont vous ignorez le nom sans doute, tandis que vous rougiriez de ne pas connaître celui du premier général venu qui a gagné une bataille quelconque ; un potier, dis-je, M. Fourmy, s'appliqua, dans les commencements de ce siècle, à améliorer la batterie de cuisine du peuple, à consolider et à assainir l'émail qui la recouvre ; il s'attacha en même temps à donner plus d'élégance aux formes des vases vulgaires, ces formes que les Grecs avaient presque idéalisées.

« Et la faïence, si dédaignée aujourd'hui, quelle conquête! quel élément de civilisation! Et c'est aux Arabes que nous devons ce produit! Ne fût-ce qu'à cause de ce souvenir, on fait bien de ne plus guerroyer contre eux en Algérie, et de leur rendre au contraire, par une bonne et intelligente administration, le service dont le monde entier est redevable à leurs aïeux.

« Les Italiens furent les premiers à s'emparer de la découverte des Arabes, et ils lui donnèrent le nom de la ville, Faenza, où fut établie la première fabrique de ce produit perfectionné. D'Italie en France il n'y avait qu'un pas. Les premières faïences françaises sortirent de Nevers; on était alors en plein XIVe siècle. Bientôt les principales villes de France tinrent à honneur d'avoir leurs fabriques, et Bernard de Palissy, potier du roi Charles IX, eut la gloire d'élever cette fabrication à la hauteur d'un art et d'une science. Aujourd'hui encore, nous vivons des bribes de ce grand génie.

« Un Anglais, Josias Wegdwood, songea à tirer un parti avantageux des progrès que Bernard de Palissy avait réalisés, et il résolut de mettre à la portée des plus humbles fortunes les émaux que l'illustre potier de Charles IX avait découverts au prix de sa fortune et de sa vie. Cet Anglais établit dans le Staffordshire, il y a un siècle et demi environ, une fabrique dont les produits sont encore désignés sous le nom de *faïence anglaise* ou de *terre de pipe*. La pâte, préparée avec des terres qui ne contiennent pas d'oxyde de fer, était blanche, recouverte d'un émail cristallin ; ce fut une révolution pacifique, et, pour l'Angleterre, ce fut un triomphe et une source de richesses. Suivant l'usage antique et solennel, nous avions semé et elle récoltait. Nos voisins ont conservé cette supériorité ; leurs fabriques du Staffordshire, de Wormster, de Derby, etc., inondent le monde de leurs produits, qui représentent une somme de 70 millions de francs chaque année, et, quels que soient les efforts de nos industriels, nous sommes encore à l'arrière-garde. Nos principales fabriques de faïence fine, situées à Creil, Montereau, Choisy-le-Roi, Gien, Sarreguemines, Arboras et Toulouse, font ce qu'elles peuvent ; moi qui vous parle, je les ai visitées, j'ai examiné tous leurs produits, et je trouve que la protection donnée à cette industrie n'a pas eu encore l'heureux effet qu'on en attendait. Cette protection est d'ailleurs inintelligente ; on a prohibé les produits anglais, on a ainsi enlevé à notre industrie nationale son principal stimulant, tandis que si ces produits eussent été seulement frappés de droits protecteurs, notre pays, qui possède toutes les terres propres à ce genre de production, rivaliserait aujourd'hui avec l'industrie anglaise.

« En revanche, nos fabriques de porcelaine ont acquis un rare degré de supériorité.

— Dieu soit loué! fis-je en poussant un soupir et en avalant ma dernière gorgée de café, nous y voici enfin!

— Ah! reprit mon hôte, vous vous impatientez! Homme léger que vous êtes! Athénien de Paris! que ne sacrifieriez-vous pas à un bon mot! Oui, nous y voici! Regardez ces vases de Sèvres qui sont sur ma cheminée, regardez ces vieux Saxe! Tout cela est bien merveilleux; mais quand je vois nos porcelaines communes pénétrer dans nos plus humbles ménages, je suis bien plus fier de notre in-dustrie que je ne le suis en contemplant les rares chefs-d'œuvre que quelques privilégiés peuvent seuls posséder. Il y a loin du temps où un mission-naire en Chine, le P. d'Entrecolles, publiait, pour la première fois, les détails et les procédés de la fabrication chinoise. Connaître ces procédés, c'était déjà quelque chose, mais, pour fabriquer la por-celaine, il fallait une terre toute spéciale. Un jour, le Saxon Boëticher, chimiste distingué, combinant ensemble des terres de diverses natures pour en faire des creusets, trouva le précieux mélange auquel il reconnut les qualités essentielles de la porcelaine de Chine. Il fit aussitôt commencer des expériences dans la fabrique de Meissen, près de Dresde.

« Ces essais réussirent. Bientôt il ne fut bruit que de cette découverte ; les porcelaines de Saxe acquirent en peu d'années une réputation universelle. Tous les souverains de l'Europe voulurent avoir leurs fabriques plus ou moins royales, plus ou moins impériales ; la France ne voulut pas rester en arrière. Tous ses savants, tous ses industriels se mirent à l'œuvre ; mais il nous manquait la précieuse terre connue sous le nom de kaolin. Le hasard, si toutefois on peut donner ce nom fataliste aux combinaisons mystérieuses dont la Providence se sert pour nous faire accomplir tous nos progrès, la Providence donc vint à notre secours, et notre manufacture de Sèvres put enfin fabriquer la porcelaine dure, la vraie porcelaine.

« L'industrie privée, affranchie par la révolution de 1789, s'est emparée de cette découverte, elle en a tiré un parti prodigieux, et, pour ma part, je ne me sers jamais d'un vase ou d'un plat de porcelaine sans songer aux industriels célèbres, aux Nart, aux Chalot, aux Honoré, aux Jacob Petit, qui, à force de travail et de recherches, ont fait de cette fabrication un des plus beaux fleurons de notre couronne industrielle.

« Vous figurez-vous ce qu'il a fallu de science, de calculs, d'études, d'essais, de sacrifices, pour en venir au point où nous en sommes, pour durcir au feu cette argile si habilement préparée, pour la couvrir de cet émail qui la préserve des atteintes du temps et lui donne l'éclat que vous voyez, pour fixer ces dorures, ces fleurs, ces dessins harmonieux ? Le département de la Haute-Vienne et le Limousin fournissent le kaolin à presque toutes nos fabrique du Cher, de l'Allier, de la Nièvre, de l'Indre, de l'Oise, etc., et c'est à Paris que d'habiles et intelligents ouvriers décorent avec plus ou moins de goût ces produits que vous admirez à juste titre.

« Ainsi, récapitulez : pour vous permettre de boire après le dîner cette liqueur excitante que vous aimez tant, et de la boire dans un vase de forme exquise, que d'efforts séculaires ! Les Chinois, les Arabes, les Grecs, tous les navigateurs, tous les savants, tous les industriels sont à l'œuvre. Bernard Palissy met son génie au service de vos jouissances ; les nations luttent entre elles pour perfectionner sans relâche cette production que nous exportons sur tous les points du monde, et notamment aux États-Unis, par dizaines de millions de francs. »

Le vieillard s'arrêta pour reprendre haleine. La politesse ne me permettait pas de lui dire que je trouvais son exposition moins amusante et tout aussi incomplète que les récits de la robe de mousseline et du chapeau de satin rose. J'allais prendre congé de mon hôte. « Croyez-moi, me dit-il en me serrant la main, faites l'histoire des diverses industries sous la forme que je vous indique ; reproduisez, si vous voulez, notre conversation, je vous y autorise. »

Grand merci ! mon petit vieillard sera content ; mais pour compléter cette histoire très insuffisante d'une tasse à café, nous dirons, dans un prochain chapitre, celle d'un grain de café, qui a bien son charme.

XVII

MÉMOIRES

D'UN GRAIN DE CAFÉ

XVII

MÉMOIRES

D'UN GRAIN DE CAFÉ.

Rien qu'à prononcer ces deux mots : *Denrées coloniales*, ne vous semble-t-il pas voir cet étrange capharnaüm qui s'appelle la boutique d'un épicier et sentir les émanations confuses qui s'échappent de cet antre commercial? Aussi avons-nous long-temps hésité à écrire, puis à effacer en tête de ce chapitre ces deux mots prosaïques; mais rassurez-vous! le prosaïsme n'est qu'à la surface, la poésie est au fond. Non que nous prétendions qu'en grat-tant l'épicier on trouverait le poëte; à Dieu ne plaise

que nous fassions cette injure au poëte et à l'épicier! Mais nous pensons, et nous serons peut-être
assez heureux pour le prouver, que le récit des
efforts prodigieux, des luttes séculaires, des combinaisons hardies à l'aide desquels l'épicier a pu
successivement étaler dans sa boutique les productions du nouveau monde, que ce récit, disons-
nous, a tout le charme et tout l'intérêt qui s'at-
tachent aux conceptions les plus romanesques. Ce
récit est, à vrai dire, un des grands poëmes de
l'humanité; il est inutile d'ajouter que nous n'a-
vons pas la prétention de l'écrire. Notre ambition
plus modeste se borne à recueillir des notes et à
préparer les éléments de cette magnifique épopée
du travail humain.

C'est une erreur, — et une erreur généralement
accréditée,—de croire que la poésie laisse restrein-
dre son cadre dans la peinture et le jeu des passions,
dans les ivresses ou les douleurs de l'amour, dans
les contemplations du spectacle de la nature, de
l'azur des cieux, des mobiles aspects de l'Océan,
des bois harmonieux, des fleurs embaumées, des
vertes prairies et des ruisseaux murmurants. La
poésie est infinie comme Dieu; elle peut colorer
des plus vives nuances du prisme les choses les
plus vulgaires en apparence. On a fait de l'épicier

le type du prosaïsme, et l'on a eu tort. L'épicier est un observateur sagace, un profond philosophe qui sait gagner de l'argent, et qui pour en gagner déploie plus d'activité, plus d'intelligence, plus de souplesse, plus de persévérance qu'on n'en a mis, depuis plus de cent ans, à gouverner les Espagnes, comme a dit Figaro le barbier.

Entrez dans ce magasin nauséabond, parcourez de l'œil les milliers de produits disparates qui y sont entassés pêle-mêle : ici, le cornet de poivre côtoyant le pain de sucre; là, le café fraternisant avec la bougie; plus loin, tous les produits des tropiques vivant en bonne intelligence avec le miel de Narbonne; là-haut, des chapelets de jambons et des bouquets d'herbes aromatiques; làbas, le riz et les pruneaux, ces frères ennemis, dormant tranquillement côte à côte dans leurs barils respectifs; que sais-je encore! Le thé et le lard, le chocolat et le fromage, la pommade et la menue quincaillerie, l'eau-de-vie et l'eau de Javelle, la chandelle et les confitures, les produits les plus disparates se heurtant, se croisant dans ce pandœmonium encyclopédique! Regardez tout cela, demandez-vous par quel prodige ces marchandises sont venues, de tous les coins du monde, se grouper dans cet étroit espace pour y être à la

disposition facile et quotidienne de tous les con-
sommateurs grands et petits, et vous arriverez à
cette conclusion, qu'il n'est peut-être pas un fait
humain plus vaste et plus digne que celui-là de
fixer l'attention du penseur.

L'homme vivait dans sa hutte, avec sa femelle
et ses petits, adorant des fétiches, vivant du produit de la chasse ou de la pêche. Cette famille ru-
dimentaire s'associe à d'autres familles et forme
la tribu; les tribus s'unissent et forment la cité;
les cités se rapprochent par le lien sacré du travail
et de l'échange. Dès ce jour, l'homme a une patrie, la nation existe, l'idée de Dieu se développe
et se perfectionne. Mais qu'il y a loin de là encore
à la boutique de l'épicier moderne!

Pour que cette boutique existe, pour que cette
page de vile prose se déploie, il faut que la bous-
sole soit découverte, il faut que le génie de Colomb
révèle un monde nouveau; il faut que la cognée
du bûcheron arrache aux forêts majestueuses les
flancs et les mâts du navire, dont la science doit
déterminer les proportions; il faut que l'agriculteur récolte le lin et que le tisserand attache aux
mâts de larges voiles; il faut que l'homme prenne
possession de l'Océan, œuvre gigantesque qu'Homère aurait chantée; qu'il aille s'unir aux peu-

plades lointaines, et acheter les produits d'une terre luxuriante ; il faut que d'innombrables générations succombent à la peine et lèguent aux générations suivantes le soin d'achever l'immortelle conquête. Si la poésie n'est pas dans le spectacle de cette lutte de Titans, où donc est-elle ?

Il ne faut pas craindre d'avouer ses torts, c'est le meilleur moyen de les expier. Disons donc en toute humilité que nous avons longtemps partagé le préjugé vulgaire contre lequel nous nous élevons aujourd'hui de toute notre énergie. Nous étions, nous aussi, sur notre chemin de Damas, et, — tant il est vrai que Dieu se sert des plus mystérieux moyens pour produire les plus grands effets, — c'est un pauvre petit grain de café qui a opéré notre conversion.

Il était sur le seuil de la porte, dans un petit baril, confondu avec des milliers d'autres grains. Nous passions insoucieux devant la boutique de l'épicier, quand l'arome exquis du café torréfié vint doucement caresser notre odorat. Cet arome à lui seul n'est-il pas déjà tout un poëme ? Nous jetâmes un regard sur ces grains tout frissonnants encore du supplice auquel l'action du feu les avait soumis. Parmi eux il en était un qui se distinguait entre tous les autres par la bizarrerie de sa forme et sa couleur dorée tranchant sur les tons bruns qui l'entouraient. Il attira notre attention, et il s'aperçut bien vite de l'intérêt qu'il nous inspirait. Comment un grain de café ne serait-il pas intelligent, lui à qui la nature a donné de si intimes affinités avec le cerveau humain?

Il nous sembla tout à coup que cette petite graine s'animait :

« Monsieur, nous dit-elle de cette voix fêlée que les contes d'enfants attribuent aux petites fées et aux bons génies, vous paraissez vous apitoyer sur mon sort; mais je ne suis point à plaindre, sachez-le bien! Je viens, il est vrai, de traverser des épreuves terribles, je sais qu'il m'en reste de plus dures encore à subir. Je serai broyé entre les dents d'acier d'un moulin; je serai précipité dans un vase d'eau bouillante; puis, quand j'aurai donné mon âme, mon parfum, on me rejettera sous un autre nom parmi les choses immondes. Mais que m'importe! j'aurai été utile, j'aurai éveillé de sa torpeur quelque grande pensée peut-être qui, sans moi, eût été somnolente pendant des siècles. J'aurai été mis en contact avec le plus pur rayon, l'intelligence humaine! j'aurai vécu un instant de sa vie! Essayez de trouver parmi les productions infinies du règne végétal une seule qui puisse rendre un pareil témoignage !

— Mille pardons, fis-je, un peu étourdi de ce début héroïque, je ne mettais pas en doute vos vertus, dont j'ai si souvent apprécié l'influence, mais il me semble....

— Monsieur, interrompit le grain avec une verve et un aplomb qui m'étonnèrent, je reconnais bien là l'ingratitude des hommes ! Vous estimez, vous appréciez les mérites du café, et vous ne faites que votre devoir; vous avez triomphé de vos nerfs, subi de longues insomnies pour vous habituer à l'excitation salutaire du café, et vous avez eu raison; mais avez-vous raconté aux hommes ma longue odyssée? savez-vous seulement le poëme de mes pérégrinations? »

Ma surprise était au comble. Le grain de café reprit avec vivacité :

« J'appartiens à la race aristocratique des caféiers; je suis né à Moka, dans le coin de terre où Dieu a déposé les puissances aromales les plus subtiles et les plus exquises; aussi les hommes lui ont-ils donné son vrai nom : l'Arabie-Heureuse. Je suis ici confondu parmi les plébéiens nés à la

Martinique, à Bourbon, à Java, à Manille, un peu partout; mais ce voisinage n'a rien qui m'offense : je connais ma supériorité, et cela me suffit. Pendant mon enfance, quand je m'épanouissais en fleur odorante sur la tige maternelle, un de mes aïeux aimait à me raconter les choses des temps passés, les gloires et les splendeurs de notre illustre famille. O mes belles nuits étoilées! ô mon ciel rayonnant! où donc êtes-vous? »

Il poussa un soupir profond; puis, séchant furtivement une larme comme s'il eût eu honte de son émotion, il reprit :

« On s'imagine que l'usage de notre précieuse fève ne remonte qu'à la fin du xve siècle; cela est vrai pour vous autres Européens; mais, pour les peuples de l'Afrique et de la Perse, cet usage remonte dans la nuit des temps. Seulement les fins gourmets qui usaient de la liqueur divine et qui appartenaient aux races royales ou sacerdotales se gardèrent bien de divulguer leur secret. Il n'y avait que des moines capables de le découvrir, et ce fut ce qui arriva.

« Le supérieur d'un de ces nombreux monastères qui s'établirent en Orient à la suite du grand mouvement des croisades, s'apercevait que ses religieux s'assoupissaient assez régulièrement, sous prétexte de méditation, pendant les offices nocturnes. Il avait vainement eu recours à tous les moyens connus pour réveiller le zèle pieux de la communauté, lorsqu'un jour son attention fut vivement attirée par un spectacle très-curieux. Un troupeau de boucs venait de brouter des caféiers sauvages qui croissaient en grand nombre autour du monastère, et le révérend père remarqua que ces boucs se livraient à des accès de gaieté folle et à des récréations scandaleuses. Il observa ce fait pendant plusieurs jours, et il fit cette réflexion fort naturelle que si la graine du café mettait les boucs en un tel émoi, elle pouvait bien produire aussi quelque effet sur des solitaires et les empêcher de dormir.

« Le saint homme recueillit des graines et fit courageusement sur lui-même l'expérience. Il commença par mâcher des grains de café crus et les trouva détestables, puis il les fit cuire et obtint une infusion qu'il trouva délicieuse et qui le mit en liesse. Il remercia Dieu de cette découverte, et fit prendre du café à tous les frères. Dès lors, on chanta l'office à pleine voix pendant la nuit.

« Il existait tout près du monastère chrétien un

couvent de derviches ; ceux-ci remarquèrent le changement qui se produisait chez leurs voisins et voulurent en pénétrer la cause. Le café rendait les moines si gais et si causeurs, qu'ils racontèrent innocemment la merveille ; les derviches en firent leur profit, et bientôt l'usage du café, gagnant de proche en proche, comme une traînée de poudre, se répandit dans tout l'Orient et de là dans les contrées européennes.

« Ce fut là, soyez-en convaincu, une des plus grandes révolutions sociales qui aient été accomplies dans le monde. Si, à partir du XVIe siècle, l'esprit humain s'est élevé à de si grandes hauteurs, si vous avez eu tant de penseurs, tant de grands écrivains, tant de poëtes, tant de philosophes ; si vous avez progressé dans toutes les directions, c'est à notre famille, c'est à ces humbles graines que vous le devez.

« Savez-vous que le principe de l'autorité absolue, dont j'entends beaucoup parler depuis que je suis arrivé en France, n'a pas de plus grand ennemi que le café ? Savez-vous que nous-mêmes, grains de moka, malgré la noblesse de notre race, nous sommes démocrates de père en fils ? C'est pour cela que je ne me plains pas d'être confondu ici avec les familles les plus obscures. Je ris encore quand je songe à l'émeute que mon trisaïeul occasionna à Constantinople....

— Comment ! dis-je avec surprise, une émeute à Constantinople ?

— Oui, monsieur, une émeute à Constantinople, et voici comment. C'était sous Amurat III ; on venait d'ouvrir les premiers établissements, désignés sous le nom de *cafés*, et la population se précipitait avec un tel empressement dans ces petites boutiques, qu'elle négligeait ses devoirs religieux. Le muphti se plaignit au sultan, et Amurat ordonna la fermeture de ces lieux de réunion. Mon trisaïeul se dévoua ; il pénétra dans le sérail, se fit courageusement broyer et infuser sous les yeux du sultan. La sultane favorite présenta l'infusion au souverain, qui fut séduit, enivré et se relâcha de sa sévérité. Remarquez, monsieur, qu'au seuil de toute révolution, vous trouvez une femme, une Ève, qui a le courage de cueillir le fruit de l'arbre de science et de le faire goûter à l'homme !

« Mais le muphti est le type de l'entêtement. Celui-ci ne se tint pas pour battu. Le café fut de nouveau supprimé par le grand vizir Koproli, sous la minorité de Mahomet IV ; mais le peuple s'insurgea, et l'autorité dut céder devant l'insurrection menaçante. Au commencement du xivᵉ siècle, l'an 930 de l'hégire, Abd-Allah-Ibrahim, cheick de la loi, monta en chaire dans une mosquée et fit une violente sortie contre le café. Ceci se passait au Caire. La population était divisée en deux partis : les cafiers et les anticafiers. On en vint aux mains ; le sang coula. Il y avait dans ce temps-là au Caire un gouverneur dont l'histoire n'a pas conservé le nom et qui est sans contredit un des plus grands hommes d'État qui aient jamais gouverné les peuples. Instruit des désordres dont sa bonne ville du Caire était le théâtre, il assembla les docteurs de la loi et les principaux chefs du parti des anticafiers ; il ne leur fit pas de discours, il frappa trois fois dans ses mains. A ce signal, des esclaves parurent chargés de plateaux et présentèrent à chacun des membres de la réunion une tasse de café du plus pur moka. Quand les tasses furent vides, ce grand homme leva la séance, et dès ce jour la tranquillité n'a pas été troublée au Caire pour cause de café.

« Des troubles de même nature éclatèrent à Londres, lors de l'importation du café. Charles II voulut faire ce qu'avait fait Amurat à Constantinople ; mais en Angleterre comme en Turquie, l'autorité fut contrainte de capituler devant l'esprit révolutionnaire qui s'exhale de nos gousses embaumées.

Votre grand roi Louis XIV essaya de tourner la difficulté, n'osant, malgré sa toute-puissance, l'aborder de front. Il fit du commerce du café, par l'édit du 31 août 1723, un monopole qu'il abandonna à la compagnie des Indes, à la condition qu'elle le vendrait cinq francs la livre; mais la compagnie eut le triste sort que vous savez, et les plus grandes dames de France, devançant les philosophes et les encyclopédistes, donnèrent le signal de la révolte. Elles s'arrêtaient en grand équipage devant les cafés et se faisaient apporter leur tasse, comme elles font aujourd'hui pour les glaces et les sorbets. — Mais qu'est-ce que tout cela auprès de mes souvenirs personnels? Écoutez! »

Quand je vis qu'il allait aborder sa propre histoire, je pris la fuite; je retournai le lendemain devant la boutique de l'épicier pour faire causer cet étrange personnage, mais malgré l'antiquité de sa race, il avait servi le matin même à faire déjeuner mon concierge.

XVIII

IMPRESSIONS DE VOYAGE

D'UN PAIN DE SUCRE

XVIII

IMPRESSIONS DE VOYAGE

D'UN PAIN DE SUCRE.

On frappa à ma porte. C'était un ancien camarade de collége que je n'avais vu depuis longtemps. Il portait à sa boutonnière un ruban ba-
riolé ; ses yeux petillaient derrière le verre de ses
lunettes. « J'ai lu, me dit-il, les Mémoires de votre
grain de café, et je viens à votre aide, car en vérité, mon ami, vous êtes ignorant comme une carpe.
Vous n'avez même pas dit quelle était l'analyse chi-
mique du café. Je crains qu'en parlant du sucre,
vous ne disiez des énormités, et je vais, en bon

camarade, vous éclairer et faire votre éducation. »

Je savais que je me trouvais en présence d'un
savant distingué, membre de plusieurs académies,
et je prêtai une oreille attentive.

« Le sucre, me dit-il, — du mot latin *saccharum*, — est une substance entièrement composée
d'oxygène, de carbone et d'hydrogène. C'est ce
que nous appelons un oxyde végétal. Je vous fais
grâce des proportions telles qu'elles ont été déter-
minées par Gay-Lussac, Thénard et Berzélius.
Nous distinguons le sucre en deux espèces : cris-
tallisable et incristallisable. Ne nous occupons que
de la première, puisqu'elle est la seule qui intéresse le commerce. Le raffinage n'a d'autre objet
que celui de confondre les cristaux et d'en empêcher la configuration régulière ; sans cela le sucre serait transparent et d'une teinte légèrement
ombrée. Les cristaux saccharins offrent la forme
d'un prisme tétraèdre, ayant pour base un rhombe
dont la longueur est à la largeur comme 10 est à 7,
et dont la hauteur moyenne est proportionnelle
entre la longueur et la largeur de la base. Fahrenheit prétend que sa pesanteur spécifique est alors

de 1,6065, mais Hassenfratz affirme qu'elle est seulement de 1,4045. Dissous dans l'alcool, le sucre possède la propriété de se combiner avec la chaux, les autres alcalis et presque tous les oxydes. Quant à la canne à sucre (*saccharum officinarum*), c'est une plante de la classe triandrie-dygénie, dont les feuilles sont engainantes à la base, munies d'une nervure médiale longitudinale, glabres sur les bords... »

J'ouvrais de grands yeux, des perles de sueur ruisselaient déjà sur mon front ; je faisais, pour comprendre ce langage, d'inutiles efforts, quand un éclat de rire retentit dans la pièce voisine. J'y courus, et, à ma grande surprise, je vis un pain de sucre que la cuisinière avait apporté la veille, pour faire des confitures probablement ; le pain de sucre se tordait les côtes, tant il avait peine à retenir l'épanouissement de sa gaieté. Je l'engageai à se modérer et à être plus convenable, ne fût-ce que par respect pour mon hôte.

« Mais, monsieur, me dit-il avec un léger accent créole, comment voulez-vous que je ne sois pas pris d'un fou-rire en entendant ce galimatias scientifique ! Quel intérêt peut-il y avoir pour vos lecteurs, — car je n'ignore pas que je suis ici chez un homme de lettres — à savoir que je suis un oxyde végétal composé d'oxygène, de carbone et d'hydrogène, que mes cristaux offrent la forme d'un prisme tétraèdre ayant pour base un rhombe? Que feraient à vos lecteurs l'opinion de Fahrenheit ou celle d'Hassenfratz sur la pesanteur spécifique de ces cristaux, et autres billevesées que les savants imaginent pour se donner une contenance dans le monde ? »

Les lunettes de mon ami l'académicien tressaillirent ; il prit son chapeau et sortit en fulminant. Je voulus l'accompagner, mais le pain de sucre me retint.

« Laissez-le partir, dit-il ; j'ai à vous raconter des choses bien autrement intéressantes que toutes celles dont ce savant eût pu vous entretenir, le malheureux ! Parler de carbone et d'oxygène en présence des splendeurs de la nature tropicale, des conditions économiques et sociales dans lesquelles je suis né, c'est par trop fort !

« J'ai eu pour mère une des cannes célèbres que Bougainville apporta d'Otahiti, la terre merveilleuse ! Vous ne pouvez vous faire une idée de

la grâce et de la coquetterie de ces roseaux paternels, balançant leurs feuilles élégantes sous la
brise embaumée, devisant de leurs amours pendant les nuits splendides de ces climats bénis du
ciel. Mon enfance insouciante et heureuse s'écoula
dans l'habitation d'un riche planteur des Antilles ;
à cause de la noblesse de ma race, je fus cultivé
avec soin par de pauvres esclaves dont je sais les
douleurs beaucoup mieux que l'auteur de l'*Oncle
Tom*. Je recevais avec ivresse les baisers de notre
ardent soleil ; je grandis, bientôt mes feuilles inférieures tombèrent, ma tige prit une belle teinte
dorée : j'étais arrivé à maturité.

« Les esclaves vinrent, hélas! ils nous moissonnèrent sans pitié, je fus lié à une multitude de mes
compagnons d'infortune, on me chargea sur un
cabrouet traîné par des bœufs, et je fus déposé
dans le parc à cannes, où j'attendis la cruelle
épreuve du moulin.

« Un nègre s'empara de moi et me plaça entre
deux cylindres qui me pressèrent dans une formidable étreinte, et mes larmes, mes douces larmes
roulèrent dans un bassin revêtu de plomb. Ma
vie s'échappa avec elles, et depuis lors elle a subi
tant de transformations que je crois rêver quand
je considère ma forme actuelle.

« J'appris, par les nègres qui me manipulaient, que j'avais cessé d'être un frêle roseau. J'étais un suc précieux, et je m'appelais *vesou*. On me plaça dans une grande chaudière où je fus soumis à l'action violente du feu. On me fit passer successivement ainsi dans cinq chaudières, et sous prétexte de m'épurer, on me mêla à une certaine quantité de chaux, de sang de bœuf et de noir animal. Quand ces douloureux pèlerinages furent accomplis, on ne m'appela plus *vesou*, le commandeur m'apprit que j'étais élevé à la dignité de sirop. En cette qualité, je fus placé dans un rafraîchissoir, puis dans un coffre de dix pieds de long sur six de large et un de profondeur, auquel les esclaves donnent le nom de *bac*, et le mystérieux travail de la cristallisation commença à s'opérer.

« Je me réjouis, car je croyais être au terme de mes vicissitudes. Je ne tardai pas à être cruellement détrompé. J'avais encore en moi des parties impures dont il fallait absolument que je fusse débarrassé, et vous ne vous doutez guère, heureux civilisés que vous êtes! des soins minutieux que l'on prend pour flatter vos goûts.

« Je fus conduit à la purgerie, vaste bâtiment

divisé en deux parties, dont l'une est souterraine, l'autre au niveau du sol, et séparées entre elles par un plancher à claire-voie. Le baril qui me contenait et qui était percé de trous fut placé sur cette claire-voie, et je restai dans cette position pendant près de trois semaines. La partie impure, celle qui n'est pas susceptible de se cristalliser, la mélasse, puisqu'il faut l'appeler par son nom, s'échappe lentement et ruisselle dans la partie inférieure de la purgerie. Pauvre mélasse! c'était encore une partie de moi-même de laquelle je venais de me séparer. J'ai su depuis qu'elle avait servi à faire du rhum. »

Ici, mon pain de sucre, que j'avais écouté avec un vif intérêt, prit un petit air narquois.

« Vous voyez bien, me dit-il en se dandinant sur ses hanches, que l'homme, avec sa toute-puissance sur la matière inerte, n'est encore qu'un grand enfant, car il ne comprend rien aux enseignements que la matière elle-même lui donne. L'homme aussi a sa mélasse dont il cherche à se débarrasser : ce sont ses passions, et quel bon rhum il pourrait faire avec cela!

— Monsieur le pain de sucre, répliquai-je avec

colère, vous êtes un impertinent, et je vous soupçonne infesté de doctrines dangereuses. Apprenez
que vous êtes en France, dans un pays où la religion est honorée, l'autorité respectée, la famille
protégée. Gardez-vous donc de préconiser les passions subversives, ou sinon je vous livre au bras
séculier de M. le sergent de ville que je vois là-
bas. Abstenez-vous de toute réflexion et poursuivez
votre récit, je vous en prie; vous en étiez à la
purgerie et à la mélasse. »

Le pain de sucre se tint pour averti et reprit en
ces termes :

« De vigoureux esclaves m'arrachèrent à la purgerie et me placèrent dans une forme où je subis
l'opération du terrage, c'est-à-dire qu'on me
plaça la pointe en bas, la base en l'air, puis on fit
filtrer, à travers toutes mes parcelles, de l'eau pure
destinée à repousser le sirop dont j'étais encore
saturé et qui embarrassait mes cristaux. Puis vint
le *clairçage*, opération analogue qui, cette fois,
est faite avec de l'eau saturée de sucre.

« Cela fait, je fus entassé avec peu de ménage-
ment dans un baril, expédié au port le plus voisin et chargé à bord d'un beau trois-mâts, doublé

et chevillé en cuivre. Quelle traversée, quel voyage, monsieur ! Après avoir essuyé vingt tempêtes qui mirent en péril la vie de l'équipage, la fortune de l'armateur, celle des expéditeurs, nous arrivâmes au Havre, d'où le chemin de fer me transporta rapidement à Paris. J'espérais enfin trouver ici quelque repos ; mais quelle fut ma douleur lorsqu'on me dit que je n'étais encore qu'un sucre brut, indigne d'être présenté à qui que ce soit, et qu'à une société raffinée il fallait des sucres qui ne le fussent pas moins !

« On me conduisit dans une magnifique usine où la vapeur faisait mouvoir d'innombrables rouages et je sortis de mes longs tourments dans l'état de blancheur immaculée où vous me voyez. Le sucre a cela de commun avec l'homme, qu'il s'épure par la souffrance ! Ainsi, pour vous donner le plaisir peu coûteux de sucrer quelques-uns de vos aliments, il a fallu que le monde entier se mît à l'œuvre, que les deux continents se rapprochassent, que l'esclave gémît sous le fouet, que l'Océan fût sillonné par d'intrépides navigateurs.

« Je sais bien que vous allez me parler de la betterave, dont on a prétendu que j'étais l'ennemi irréconciliable. Non, la betterave est mon amie, ma sœur cadette, et je suis plein de sympathie pour elle. Ce sont les planteurs des Antilles qui sont les ennemis de vos planteurs de betterave ; ils se font entre eux une guerre absurde, comme s'il n'y avait pas place pour tout le monde au soleil du bon Dieu. Tant que le sucre ne sera pas aussi abondant et à aussi bon marché que le sel, il est bien évident que toute production de sucre sera la bienvenue. Mais je serai toujours le roi des sucres, voyez-vous, parce que ma tige maternelle s'est élevée vers le soleil, s'est enivrée de ses rayons, tandis que la betterave cherche ses sucs dans les sombres profondeurs du sol septentrional. Je suis l'aigle ; le sucre de betterave, c'est la taupe.

« Mais ce n'est pas de cette supériorité que je suis fier ; ce qui m'enorgueillit, ce qui me fait oublier tous mes maux passés, c'est de me trouver ici chez un pauvre diable d'écrivain, tandis que Louis XIV, disposant de toutes les ressources de la France, n'aurait pu, pour aucun prix, me posséder à l'état de pureté, de blancheur et de cristallisation où je suis parvenu. Lucullus aurait payé un grain de sucre un million de sesterces qu'il ne l'aurait pas eu. Songez donc que les Vénitiens n'inventèrent le procédé du raffinage, et quel raffinage ! que vers la fin du XVᵉ siècle.

« Vous allez rire, peut-être, mais je vous le dis en toute sincérité, : je suis le symbole de la civilisation. Si vous voulez juger sûrement un peuple, demandez-lui ce qu'il mange de sucre. Je suis pour le moins aussi nécessaire que le sel à l'économie du corps humain, et les médecins les plus expérimentés affirment que l'homme, pour se développer d'une façon normale, devrait consommer au moins une livre de sucre par semaine, soit 26 kilogrammes par an, ce qui ferait pour la France seulement une consommation annuelle d'un milliard de kilogrammes. Or, la production tout entière des colonies anglaises, françaises, hollandaises, danoises, celle du Brésil, de Cuba, de Porto-Ricco, de la Louisiane, celle du Bengale, de Manille, de Java, de la Chine, etc., etc., en y ajoutant même la production européenne, atteignent à peine ce chiffre. Ne vantez donc pas si haut, monsieur, l'état avancé de votre civilisation ; vous consommez trop peu de sucre encore, et vous avez dans vos campagnes des millions de pauvres familles pour lesquelles le sucre constitue un luxe inaccessible. »

Il n'est pas agréable de s'entendre dire à bout portant des vérités de cette nature. J'avais deux moyens de réduire au silence cet énergumène : la raison ou la force. La raison était en sa faveur et il n'y avait pas moyen de discuter ; j'eus donc recours à la force, ce suprême argument de ceux qui ont tort. J'appelai la cuisinière : « Réduisez-moi ce gaillard-là au silence, lui dis-je ; faites-en des marmelades ! » Si après de tels exemples, l'autorité n'est pas respectée, c'est qu'il y faut renoncer.

XIX

MONSIEUR CHOCOLAT

ET

MADEMOISELLE CANNELLE

XIX

MONSIEUR CHOCOLAT

ET

MADEMOISELLE CANNELLE.

Nous sortions du spectacle ; il était une heure
du matin, et Paris commençait à s'assoupir. Les
magasins étaient fermés, les passants attardés rega-
gnaient d'un pas rapide leur demeure ; les fiacres
s'enfuyaient, pareils à des ombres épouvantées.
Seuls, les chiffonniers et les autres industriels nocturnes régnaient en maîtres sur le pavé de la
bonne ville.

Soudain, un bruit étrange attira notre attention ;
des voix qui semblaient n'avoir rien d'humain,

criardes comme des crécelles, formaient une sorte
de concert diabolique : on eût dit une réunion de
sorciers et de sorcières en plein sabbat. Parfois, le
tumulte s'apaisait, et alors on entendait comme
un dialogue entre deux interlocuteurs tout à
coup interrompus par des applaudissements ou
des sifflets. Nous allions nous éloigner en hâte,
pensant que nous étions peut-être à deux pas
d'un conciliabule politique, quand nous entendîmes très-distinctement un nom qui frappa
notre attention : nous nous arrêtâmes. Le bruit des
voix nous arrivait à travers les volets d'un magasin ; nous regardâmes l'enseigne à la lueur du bec
de gaz, et nous lûmes cette inscription qui n'avait
rien d'incendiaire : *Au port de Marseille, Commerce d'épiceries en gros et en détail.*

Une conspiration dans une boutique d'épicier
était chose inouïe. A travers les planches mal
jointes de la fermeture, notre œil put plonger
dans l'intérieur du magasin, et nous contemplâ-
mes le spectacle le plus extraordinaire qui eût
jamais frappé des regards humains. Pendant que
l'épicier dormait du sommeil du juste, rêvant des
profits de la veille et de ceux du lendemain, toutes
les denrées qui peuplaient ses tiroirs, ses tonneaux,
ses étagères, s'étaient soudain animées et formaient

une espèce de club. Deux bougies dévouées avaient consenti, à leurs risques et périls, à éclairer cette séance nocturne. Un pain de sucre, gravement assis sur le comptoir, remplissait les fonctions de président ; un bâton de sucre d'orge, jeune homme blond et élancé, tenait la plume en qualité de secrétaire. Les deux héros de la fête, une tablette de chocolat et un morceau de cannelle, avaient pris place, sous les yeux du président, dans les plateaux d'une balance. Autour d'eux se pressait une foule compacte et passionnée parmi laquelle nous reconnûmes plusieurs visages de connaissance : le café, le savon, l'indigo, la chandelle, les pruneaux, les haricots indiscrets, le fromage cher aux buveurs, etc., etc.

Le président donnait tour à tour la parole au chocolat ou à la cannelle, et l'assistance, prenant parti pour l'un ou pour l'autre, interrompait souvent l'orateur de ses cris et de ses murmures.

« Messieurs et mesdames, dit le pain de sucre après avoir obtenu un moment de silence, il nous a été impossible jusqu'ici de nous entendre. Remarquez que nous ne sommes pas réunis en corps législatif ou en assemblée délibérante quel-

conque ; nous formons en quelque sorte un tribu-
nal d'honneur chargé de juger le différend qui
s'est élevé entre notre chère sœur Mlle Cannelle et
notre honoré frère M. Chocolat. Je vous supplie d'é-
couter avec une attention religieuse les dépositions
des témoins et les plaidoiries. Songez que les
journaux qui déjà se sont occupés des denrées
coloniales, et qui n'ont pas craint de mettre en
scène plusieurs d'entre nous dans leurs colonnes
babillardes, songez que les journaux seront peut-
être informés de ce qui se passe dans cette réunion, et qu'il est de notre dignité de ne pas leur
fournir des armes contre nous.

— Eh ! que nous importe ! dit un grain de poivre d'un ton piquant ; vous savez bien, monsieur
le président, que nous avons toujours contre les
journaux une vengeance prête : n'en faisons-nous
pas des cornets ? »

Cette saillie eut un succès de fou rire. « Monsieur Poivre, je vous rappelle à l'ordre ! » dit d'une
voix sévère le pain de sucre. Cet acte d'autorité
produisit une salutaire impression sur l'assemblée.

« Jeune Pruneau, avancez, poursuivit le président, et dites-nous ce que vous savez. »

Un pruneau d'une belle venue s'approcha du comptoir et raconta comment une discussion s'était engagée, le jour précédent, entre M. Chocolat et Mlle Cannelle sur leurs mérites respectifs. Puis le président donna successivement la parole aux parties.

« Mesdames et messieurs, dit galamment le chocolat en saluant l'assistance, je commence par reconnaître mes torts. Malgré la placidité habituelle de mon caractère, je me suis laissé aller jusqu'à adresser des paroles dures, tranchons le mot, peu parlementaires à Mlle Cannelle, et je la prie ici de recevoir publiquement mes excuses. »

Un murmure d'approbation accueillit ce début, qui ne manquait pas d'habileté.

« Mais une fois cette part faite à mon inconvenance, reprit-il, vous me permettrez d'exposer devant vous mes griefs légitimes. Je ne suis point infatué de mes propres mérites, mais lorsque j'ai entendu Mlle Cannelle se flatter d'être pour quelque chose dans mes succès et dans ma réputation, tandis qu'au contraire elle a failli, par sa seule présence, arrêter les uns et compromettre l'autre, je n'ai pu résister à un mouvement de colère que je déplore.

« Songez, mesdames et messieurs, que l'origine
de ma famille se perd dans la nuit du passé; que
lorsque les Espagnols, dans les commencements
du xvi⁰ siècle, conquirent le Mexique, ils y
trouvèrent l'usage du chocolat établi depuis un
temps immémorial, et que le savant Linnée donna
au cacao, mon illustre père, le nom de *Théobrome*
ou mets des dieux. C'était là mon vrai nom ; mais
l'usage a prévalu, et j'ai conservé la désignation
qui rappelle le lieu de ma naissance, la province
de Choco, bien que le *cacaoyer bicolor* que l'on y
cultive soit inférieur au véritable cacaoyer, au
théobroma cacao de Linnée, qui fournit au commerce les précieuses amandes dont l'industrie sait
tirer aujourd'hui un parti si prodigieux.

« On peut n'être pas fier, mais chacun de nous
ici doit avoir conscience de sa valeur. Sans doute,
j'ai pour Mlle Cannelle une profonde estime, mais
la cannelle est un produit naturel que le travail humain n'a point modifié. Qu'elle soit un condiment
agréable dans certains cas, je ne le nie pas ; que
le vin chaud ait besoin de son concours, je l'ad-
mets ; mais j'affirme, sans crainte d'être démenti
par aucun de vous, qu'il n'y a entre elle et moi
aucune parité. Il y a plus, le jour où des fabricants de chocolat, pour dissimuler l'imperfection

de leurs produits et satisfaire à la funeste passion
du bon marché qui a pénétré dans toutes les classes de la population, se sont avisés de donner à
leur chocolat le goût de la cannelle, faute de pouvoir lui donner le goût du cacao, ce jour-là j'ai
été sérieusement atteint dans ma réputation et
dans mon avenir. »

Ici Mlle Cannelle tressaillit et éleva la voix; le
président lui imposa silence, et le chocolat reprit
en ces termes :

« Je ne veux pas récriminer; je constate des
faits. Je suis, non pas le mets des dieux, comme
l'a dit ce flatteur de Linnée, mais je suis et je serai
toujours le mets par excellence des estomacs dis-
tingués et des palais délicats. Aussi, que de soins,
que de précautions la nature a pris pour préserver
mon amande de toute atteinte! Malgré les af-
freuses-tortures que l'industrie m'a fait subir, je
me rappelle encore avec bonheur les jours de mon
enfance, sous ce beau ciel des Antilles où je suis
né. Je ne pourrais jamais vous donner une idée
de la grâce charmante avec laquelle le cacaoyer
qui me donna le jour épanouissait au soleil son
éternelle verdure et les faisceaux de fleurs dont il

était couvert. Ces fleurs tombèrent et firent place à une multitude de capsules dont la surface était dure et raboteuse. Chaque capsule contenait de 25 à 40 amandes symétriquement disposées, et le nid intérieur qui abritait ces fruits précieux était lui-même douillettement garni d'une pulpe gélatineuse et légèrement acide, rosée et fondante, qui est à elle seule un délicieux rafraîchissement dont les dames créoles sont très-friandes. Avant d'arriver à maturité, ce fruit exquis revêt des .nuances qui passent successivement du vert tendre au rouge foncé parsemé de petits points jaunes. Ce sont ces petits points qui indiquent la maturité et donnent le signal de la récolte.

« Mais combien cette culture est imparfaite encore! Un jour viendra où le cacao sera aussi commun que le café l'est aujourd'hui; pour cela il faut que la guerre et l'ignorance, ces deux fléaux qui dévastent les magnifiques contrées de l'Amérique méridionale, trouvent devant elles la civilisation intelligente et tous les procédés scientifiques, industriels et agricoles qu'elle entraîne avec elle.

« Mais n'allez pas croire que le propriétaire n'a qu'à cueillir le fruit et dépouiller l'amande pour obtenir sa récolte. Dès que je fus extrait de ma cosse, où j'étais si chaudement abrité, je fus placé dans une sorte de fosse que les nègres recouvrirent d'un sable fin ; je restai là abandonné à une légère fermentation ; puis on m'étendit au soleil sur des nattes de jonc. Quand je fus ainsi dépouillé de toute humidité, on me plaça dans de grandes cases en bois élevées au-dessus du sol et disposées de façon à permettre la circulation de l'air. Toutes ces précautions ont pour objet de me préserver des atteintes d'un ennemi irréconciliable ; cet ennemi invisible, c'est la *teigne friande à chocolat.*

« Enfin je fus acheté par un riche spéculateur qui me vendit à un négociant, lequel m'expédia, de main en main et de navire en navire, à Londres, d'où je passai en France. Le fabricant me prit, me torréfia, me pulvérisa et me réduisit à ma condition actuelle.

« Vous comprenez, monsieur le président, que lorsque l'on a de tels états de services, on n'est pas bien aise de les voir contestés par des envieux, des jaloux qui n'ont fait que vous nuire. La cannelle n'est qu'un condiment savoureux ; je suis un aliment exquis, l'aliment dont Mme de Sévigné disait : « J'en prends pour attendre mon dîner, et j'en prends ensuite pour le digérer. »

Ce discours fut couvert d'applaudissements, mais

déjà la cannelle était debout, réclamant la parole,
qui lui fut gracieusement accordée :

« Vous venez, dit-elle, d'entendre le plaidoyer
de M. Chocolat; je pourrais lui répondre par ce
mot célèbre : « Tu te fâches, donc tu as tort! »
mais j'ai d'autres arguments à faire valoir. Le
chocolat se plaint de mon intervention ; hélas! sans
moi, sans ma noble et illustre sœur Mme la princesse de Vanille, où en serait-il, le malheureux?
On vous a dit que le cacao exigeait des soins exces-
sifs, mais on ne vous a pas dit que ces soins étaient
presque toujours insuffisants et que la majeure
partie des amandes arrivant en Europe sont ava-
riées, ou piquées, ou empreintes d'une âcreté qui
en rendrait l'usage impossible si mon arome ne
venait dissimuler ces imperfections natives. Je
n'ai pas imposé mon concours, on l'a sollicité, et
j'ai cédé, comme nous cédons toujours, par cha-
rité. » Ici Mlle Cannelle rougit légèrement, puis
elle reprit :

« L'industrie n'a rien fait pour moi; mais loin
de me le reprocher, on devrait au contraire m'en
faire un titre de gloire. Ce que je vaux, je le vaux
par moi-même. Le soleil et la terre, dans leurs
mystérieux baisers, ont donné à ma séve cette

puissance aromale, cette vertu d'expansion que vous aimez en moi. Je suis née, moi aussi, sous un ciel généreux, dans ces splendides contrées où la nature revêt des magnificences inconnues! Moi aussi j'appartiens à une famille illustre! Le nom de *Cannelle* est un sobriquet; mon vrai nom patronymique est Cinname, *laurus cinnamomum*, et je suis originaire de l'île de Ceylan.

« L'arbuste qui m'a donné le jour est ravissant quand il étale au soleil ses feuilles d'un beau rouge écarlate; vous chercheriez en vain dans toute la création un produit naturel si riche en parfums, si heureusement doué. Je ne suis moi-même que l'écorce de cet arbuste merveilleux, mais sa feuille est parfumée comme le girofle; son fruit, qui a l'apparence d'un gland, contient une substance grasse qu'on extrait facilement au moyen de l'ébullition, substance blanche et odorante dont on faisait jadis des bougies exclusivement réservées à l'usage des rois et des princes. Vous conviendrez que je puis avec quelque raison être fière, moi aussi, de mon origine et de ma naissance.

« Je conviens qu'il y a cannelle et cannelle, comme il y a fagot et fagot. Pour moi, j'appartiens à la race aristocratique, je suis la reine des can-

nelles, la cannelle de Ceylan, importée en Europe
par les Hollandais, qui lui durent d'incalculables
richesses. En vain la cannelle de Chine, celle du
Malabar, celle de Cayenne et de la Jamaïque, la
cannelle de la Cochinchine, la cannelle giroflée,
essayent-elles d'entrer en concurrence avec moi :
je les domine de toute ma hauteur. Est-ce que sans
moi le cacao aurait conquis le monde ainsi qu'il
l'a fait ? Est-ce que le chocolat serait devenu un
aliment populaire, si je ne l'eusse enrichi de mes
pénétrants aromes et si je n'eusse ainsi dissimulé
ses imperfections ?

« Elle a raison ! c'est vrai ! » s'écrièrent en chœur
les assistants.

M. Chocolat allait se lever pour répliquer, mais
le président fit remarquer que déjà l'heure était
avancée, et que les deux bougies qui s'étaient dévouées à l'éclairage de la salle étaient à bout de
force. « Songez, ajouta-t-il, que nous serions perdus si l'épicier pouvait se douter qu'il a chez lui,
dans son magasin, des denrées intelligentes et
douées de la parole, des denrées qui s'animent la
nuit pour décider les plus graves questions de
l'épicerie moderne. Avant de lever la séance, je
propose à l'assemblée de décider que M. Chocolat

a raison et que Mlle Cannelle n'a pas tort ; qu'ils n'auront désormais rien de commun entre eux ; que le cacao a ses vertus spéciales comme la cannelle a les siennes, et que nous vouerons aux malédictions de la postérité tout fabricant, tout épicier qui se permettra de mettre de la cannelle dans son chocolat, attendu que ce mélange constitue une véritable sophistication, qu'il est attentatoire aux saines notions du goût, et que ceux qui aiment la cannelle dans le chocolat sont des barbares qui seront toujours libres d'ailleurs de faire au chocolat pur les additions qu'ils jugeront convenables. Permettez-moi, en terminant, de rectifier une erreur de fait commise par notre honorable collègue. Il a prétendu que Linnée lui avait donné le surnom de *théobrome* ou mets des dieux, et que l'usage lui avait conservé la désignation de la province de Choco, d'où le commerce tire un cacao fort estimé. C'est là qu'est l'erreur : le mot chocolat est composé de deux mots mexicains, *choco*, qui signifie *bruit*, et *atte*, qui signifie *liqueur*, c'est-à-dire liqueur bruyante, à cause du bruit que fait le moussoir lorsqu'on s'en sert pour agiter et faire mousser le chocolat.

— Pardon, monsieur le président, vous faites

erreur! dit M. Chocolat, en proie à une vive émotion. Je demande la parole pour un fait personnel.»

Mais le pain de sucre, qui tenait à faire prévaloir son étymologie, ne le laissa pas achever ; il leva la séance. Au même moment, les deux bougies poussèrent un soupir et expirèrent victimes de leur dévouement. Chacun regagna précipitamment sa case ou son tonneau; nous rentrâmes chez nous assez étonné de l'étrange spectacle auquel nous venions d'assister et dont nous avons cru devoir noter les principaux incidents.

XX.

SOUVENIR

D'UN VIEUX CANON

XX

SOUVENIR

D'UN VIEUX CANON.

Il n'y a pas bien longtemps encore, nous allions visiter, aux Invalides, un ancien officier d'artillerie auquel nous attachaient quelques liens de parenté éloignée, — et, ce qui valait mieux, sans contredit, — une filiale et respectueuse affection. Pendant les belles soirées d'été, nous nous promenions, bras dessus, bras dessous, sur la terrasse du parc, au devant de laquelle sont rangés, pareils à de vigilants et intrépides gardiens, les canons montés sur leurs hauts affûts.

Nous écoutions d'une oreille attentive et complaisante les récits du vieux soldat : c'était l'éternelle épopée impériale qui déroulait devant nous ses tableaux gigantesques, ses luttes de Titans; c'étaient les marches victorieuses de la grande armée, promenant l'idée révolutionnaire à travers les capitales de l'Europe, et baptisant chacune de ses étapes de noms glorieux et immortels. Puis, venaient les catastrophes, les désastres, Moscou en flammes, la Bérésina, les prodiges de la campagne de France, l'abdication, Waterloo !

Notre ami tournait incessamment, et sans se fatiguer jamais, dans ce cercle éblouissant; hors de là, rien n'existait pour lui, et, à partir de 1814, la France n'était plus à ses yeux la grande nation.

Il lisait les journaux et terminait invariablement sa lecture par cette exclamation : Petite époque ! Il avait une façon naïve et charmante de reprendre ses récits. « Je ne crois pas, disait-il, vous avoir raconté ce qui nous arriva la veille d'Austerlitz. » Ou bien : « Il me semble que je ne vous ai pas dit encore comment nous arrivâmes à Vienne.

— Non, commandant, » telle était notre réponse invariable. Et alors, passant la main avec joie sur sa moustache grise, il refaisait, pour la vingtième fois, un récit que nous savions par cœur. C'était la joie et l'orgueil de cet excellent homme.

Quand il était las de marcher, il s'appuyait sur la gueule d'un canon qu'il affectionnait comme un vieil ami, et avec lequel il avait de longues conversations pleines de verve et de fantaisie.

« Bonsoir, Marceau, » disait-il en caressant de sa main, vigoureuse encore, le bronze immobile auquel il avait donné le nom de Marceau en souvenir du glorieux général sous lequel il avait fait ses premières armes, « bonsoir mon vieux Marceau! comment vas-tu ce soir, camarade? » Et le canon semblait répondre par un soupir métallique à l'étreinte du commandant.

Ils s'entendaient tous deux à merveille, et j'avais fini par comprendre le langage du canon aussi distinctement que celui de son interlocuteur.

J'étais devenu insensiblement l'ami de Marceau, qui ne se gênait plus avec moi et me traitait avec une familiarité charmante. Je n'avais jamais cru jusque-là qu'un canon pût être spirituel; Marceau avait de l'esprit jusqu'à la culasse, et un esprit argent comptant que je lui ai plus d'une fois envié.

Après la révolution de 1848, j'eus l'honneur d'être incorporé dans l'artillerie de la garde nationale. Un soir que ma batterie était de garde à l'hôtel de ville, je demandai à mon capitaine la permission de dix heures et je courus aux Invalides voir le vieil ami que j'aimais. Il était penché sur Marceau et causait avec lui. Je m'avançai en saluant les deux vieux compagnons d'un geste militaire. Ils eurent quelque peine à me reconnaître sous mon uniforme, et j'entendis un rire ironique sortir de la poitrine sonore de Marceau. « Comment ! c'est toi, blanc-bec, me·dit-il, toi en artilleur postiche! » et il me lâcha une bordée de plaisanteries à mitraille.

Je dois dire ici qu'entre ces deux vieux amis il existait un dissentiment politique assez grave et qui tenait à leur origine respective. Le commandant appartenait à une famille plébéienne que 1789 avait émancipée : il était démocrate jusqu'au bout des ongles. Marceau, au contraire, était un bronze aristocratique, il avait été fondu sous Louis XV, et avait reçu en naissant le nom illustre de Condé. A la révolution, le nom de Condé disparut pour faire place à celui de *Mirabeau tonnant;* mais son vrai nom est celui que l'amitié lui a donné, ce nom de Marceau dont il est fier.

Bien qu'il eût épousé, en compagnie des Lameth, des La Fayette, des Larochefoucauld-Liancourt, etc., les idées nouvelles, Marceau n'en conserva pas moins ses habitudes aristocratiques, que l'on retrouvait dès qu'on grattait la couche populaire. De là surgissait parfois entre ces deux grognards des discussions qui auraient fait rire des quakers. Du reste, hâtons-nous de le dire à sa louange, Marceau était non-seulement le plus spirituel, mais aussi le plus instruit des canons; il avait beaucoup vu et beaucoup retenu.

Pour couper court aux plaisanteries du commandant, je déplaçai la conversation et la portai sur un terrain où Marceau aimait à me suivre.

« Vous avez bien raison de me railler, lui dis-je, car me voici transformé en artilleur et je ne sais pas seulement ce que c'est que l'industrie du bronze.

— Ça ne m'étonne pas, reprit le vieux canon d'assez mauvaise humeur; le bronze est tout simplement l'agenda sur lequel les siècles inscrivent et se transmettent l'un à l'autre les grandes dates de l'humanité. Mais, il faut bien en convenir, au point de vue historique, le bronze et l'airain sont détrônés : Gutenberg a inventé un métal qui durera plus longtemps que moi, c'est une feuille de papier imprimée. Quand il fut remplacé par le livre, le bronze eut une autre mission sociale : il se fit canon ; sous cette forme il devint le principal élément de l'activité nationale. Hélas ! le moment approche où le canon à son tour sera mis à la retraite ; les rails des chemins de fer, les fils électriques, les machines à vapeur, les usines deviennent des instruments plus actifs et plus précieux. Mais le bronze ne meurt pas pour cela, il lui reste un champ immense à parcourir, l'art, l'art éternel, qui dejà assouplit le bronze aux mille fantaisies qu'il crée.

« Le bronze est né avec la première civilisation qui se soit épanouie dans le monde ; la civilisation n'a mérité ce nom que lorsqu'elle a imaginé la fusion des métaux. On a cru longtemps que l'invention de l'airain datait seulement de la 158e olympiade, époque à laquelle Mummius saccagea et brûla la ville de Corinthe. L'opulente cité possédait tant de statues d'or, d'argent et de cuivre, tant d'œuvres d'art, tant de vases et de portiques, tant de magnificences, que de cette fusion immense il résulta un mélange jusque-là sans pareil, un airain qui reçut le nom d'airain de Corinthe et qui fut très-recherché dans le monde entier. Sans doute cet airain dut avoir une grande valeur à cause de la nature des métaux précieux qui avaient concouru à le former, mais le bronze existait déjà. Les Égyptiens l'avaient connu ; seraient-ils sans cela arrivés au degré de puissance qu'ils atteignirent ?

« Toutefois, ce sont les Romains qui, les premiers, donnèrent au bronze son caractère monumental, religieux et artistique. Ils en firent le métal sacré par excellence : c'est à lui qu'ils confièrent le dépôt des lois, des traités de paix et d'alliance ; ils le consacrèrent aux dieux, ils lui attribuèrent des vertus mystérieuses, celles de chasser les esprits impurs, par exemple de dissiper les terreurs nocturnes. Tous les instruments affectés au service du culte étaient en bronze. Du temple, le métal fabuleux passe au foyer domestique ; l'art s'en empare et le façonne en bijoux, en statuettes, en fantaisies grotesques ou monstrueuses. Allez voir au musée de Naples les débris de Pompéi, et vous m'en donnerez des nouvelles ! »

Marceau était lancé ; j'avais fait le plus difficile. Le commandant souriait dans sa moustache, et frappant doucement de sa main les flancs brillants et sonores du canon, « Va donc ! lui dit-il, va donc, vieux grognard ! nous t'écoutons.

— Parbleu ! grommela-t-il, je pense bien que vous m'écoutez.

« La civilisation romaine disparaît, et avec elle l'industrie du bronze fait un plongeon. Ce n'est plus qu'en Italie et à l'époque de la Renaissance que nous la retrouverons. La découverte de la poudre donne au bronze une mission guerrière qu'il n'avait pas eue jusque-là, mais il ne perd pas pour cela sa mission artistique et religieuse. Le clergé catholique dédaigne le bronze comme ornementation intérieure, mais il en fait la voix de la prière ; les cloches s'élèvent au-dessus des temples et deviennent l'écho de toutes les douleurs et de toutes les joies de l'Église ; elles célèbrent tous les grands événements politiques. En même temps, l'art perfectionne la fonte et livre au monde ses chefs-d'œuvre sous une forme impérissable. François Ier écrit lui-même au Primatice, qui fond en bronze sur des moules originaux, le groupe de Laocoon et l'Apollon du Belvédère. Benvenuto Cellini coule son Persée d'un seul jet et donne au bronze une valeur inouïe. Urbain VIII fait élever le baldaquin de Saint-Pierre de Rome. Enfin, en 1624, le bronze reçoit en France ses lettres de grande naturalisation : Louvois établit les fonderies de l'arsenal sous la direction des frères Keller, et peuple de statues et de groupes magnifiques les places publiques, les parcs et les châ-

teaux royaux. La science détermine les proportions des métaux qui concourent à la production
du bronze ; elle enseigne que pour réunir toutes
les conditions de ductilité, de dureté et de den-
sité, il faut allier 75 parties de cuivre rouge à
24 parties de zinc, deux d'étain et une de plomb.

« Laissez faire d'ailleurs, voici l'industrie qui
s'associe à l'art et qui va faire des merveilles :
Mme Dubarry, la plus belle et la plus intelligente
des Cotillons qui régnèrent en France sous le titre
de Louis XV, encourage un industriel célèbre,
Goutherie, qui invente la dorure du bronze au
mat et dote Paris d'une fabrication importante
sans rivale encore aujourd'hui.

« Dis donc, commandant, reprit Marceau en
s'interrompant, te rappelles-tu la fameuse exposition de 1806 que l'empereur ouvrit avec un cor-
tége de rois ? Te souviens-tu de ces bronzes
magnifiques qui firent à la France plus de jaloux
que ne lui en avaient fait toutes ses victoires glo-
rieuses ? La Russie prohiba absolument nos produits splendides ; l'Angleterre les frappa d'un droit
élevé ; mais la grande et belle industrie du bronze
ne s'en développa qu'avec plus de vitalité et d'é-
nergie : elle produit à Paris seulement, une trentaine de millions de francs et elle occupe un nom-

bre considérable d'ouvriers, d'ouvrières, d'artistes habiles, toute une population active et intelligente, commandée par des généraux qui, pour s'appeler Thomire, Denière, etc., etc., n'en sont pas moins de fameux lapins ! »

Ici Marceau s'arrêta comme s'il eût été en proie à une émotion profonde.

« Qu'as-tu, mon vieux? lui dit le commandant.

— Ce que j'ai ! répliqua Marceau avec tristesse, j'ai ce que tu as. On bat le rappel pour nous, comme disait Soult. Notre temps est fini. Voici trente ans que je suis juché sur mon affût, annonçant de ma grande voix à la population parisienne les gouvernements qui s'en vont et qui arrivent, les princes qui naissent ou qui meurent, et je crains que ce ne soit là mon rôle définitif dans l'avenir, jusqu'à ce qu'un industriel m'achète pour me transformer en statuette ou en ornements quelconques. C'est triste, commandant !

— Bah ! dit celui-ci, chaque chose a son temps; se transformer ce n'est pas mourir. Et puis, il y a des retours si imprévus ! La révolution avait fait des gros sous avec les cloches, la restauration fit des cloches avec des gros sous ; qui sait si, un jour, on ne fera pas des canons avec les statues?

— Tais-toi, mon vieux camarade, tu blasphèmes! reprit Marceau d'une voix caverneuse. Ne faisons pas des vœux impies. Nous avons eu un beau rôle et rempli une glorieuse mission dans le monde; la mission est terminée, et il faut savoir mourir dignement. De vieux canons comme nous doivent avoir au moins la philosophie des grenadiers de M. Scribe : ils doivent sinon se taire, ce qui est assez difficile quand on les charge.... de porter la parole, mais souffrir sans murmurer.

—Regarde, ajouta Marceau, en me désignant d'un geste ironique, regarde ce pékin artilleur, et dis-moi s'il ne vaut pas mieux, pour le bronze moderne, avoir l'honneur de représenter l'effigie de Molière au carrefour de la rue Richelieu, ou le génie de la navigation tel que Daumas l'a posé dans une fière attitude sur le quai de Toulon, que d'être un canon entre ces mains inexpérimentées. Pour mon compte, j'en prends mon parti bravement, et je me résigne. Que l'industrie arrive et que son règne s'étende! Que la paix et le travail donnent au monde autant de richesse et de pros-

périté que nous lui avous donné de patriotisme
et de gloire, et le vieux canon mourra content!

— Ainsi soit-il ! dit le commandant d'un ton
railleur. Bonne nuit, Marceau ; je vais me coucher ;
à demain ! »

Marceau resta plongé dans ses réflexions, et
je regagnai le poste de l'hôtel de ville, enchanté
de ma soirée aux Invalides et de mes deux vieux
amis.

XXI

LES CONFESSIONS

D'UN VIEUX JOURNAL

XXI

LES CONFESSIONS

D'UN VIEUX JOURNAL.

Je ne sais pas au juste, et le saurais-je, il ne m'appartiendrait pas à moi, journaliste, de dire quelle valeur on attache généralement à un journal tout frais éclos, tout humide encore du labeur de la presse, mais ce que je sais bien, hélas! c'est le peu de cas que l'on fait d'un journal de la veille, et, à plus forte raison, de celui qui porte une date déjà vieille de plus d'un jour.

Mon fils lui-même, jeune Chaptal de fort peu d'espérance, mon fils, que j'ai pourtant élevé

dans le respect des carrés de papier noirci,
n'hésite pas, quand le dimanche soir il quitte la
maison paternelle pour rentrer au collége, à
s'emparer de tous les vieux journaux qu'il rencontre sous sa main afin d'y emballer ses provisions, le monstre!

A qui donc se fier, grand Dieu! et qu'ils ont
grandement raison, après tout, les gens qui affirment que le moment est venu de reconstituer la
famille et de rendre au père le droit de vie et de
mort sur ses enfants.

Moi-même, entraîné par le funeste exemple du
bambin déjà nommé, je traite les vieux journaux
de Turc à Maure, et je les brûle pour allumer
mon feu, juste châtiment réservé aux libres penseurs! Ce matin, j'en avais froissé un et j'allais le
consacrer à cet humble usage, lorsque tout à
coup j'entendis une sorte de petillement pareil à
celui de la flamme lorsqu'elle dévore le papier.
Le journal était pourtant encore intact dans ma
main.

Je prêtai l'oreille ; le petillement devenait de
plus en plus distinct. Bientôt j'entendis des
plaintes, des mots, des phrases entières. Il n'y
avait plus à douter. Le vieux journal me suppliait
de l'épargner.

Ne me demandez pas le comment et le pourquoi de ce phénomène étrange ; par ce temps de miracles qui court, je suis bien décidé à ne plus m'étonner de rien. Je me borne donc à affirmer le fait, et je vous engage à le vérifier avant de le croire ; ce sera plus prudent.

Le journal parlait donc, et sa voix devenait de plus en plus intelligible ; bientôt je pris plaisir à l'écouter, et il s'établit entre nous une sorte de lien mystérieux, indéfinissable, analogue à celui qui nous unit aux êtres qui ne sont plus et dont cependant nous sentons en nous la présence comme s'ils vivaient de notre vie et prenaient part à nos actions. Cette feuille de papier froissée et maculée m'inspira, je ne crains pas de le dire, un vif intérêt, et j'ai eu, depuis ce jour, avec elle, des conversations qui, ma foi ! valent bien les conversations brillantes que l'on a dans le monde sur l'inépuisable thème de la pluie et du beau temps, de la perfidie des hommes et de la légèreté des femmes.

Pour vous en faire juge, je veux vous redire une seule de ces causeries familières.

« Que je te remercie, me disait-il tantôt, de m'avoir épargné et d'avoir écouté ma prière. Je sais bien que tôt ou tard il faudra que ma destinée s'accomplisse, mais j'avais besoin, après tant de vicissitudes, tant de souffrances, de la trêve que tu m'accordes.

— A quelles vicissitudes, à quelles souffrances fais-tu donc allusion ? Il me semble que, pareil à ces grands seigneurs dont parle Figaro, tu t'es donné la peine de naître, et rien de plus. Tu as eu, comme les roses, l'avantage de ne vivre que l'espace d'un matin, de quoi donc te plaindrais-tu ?

— Ah ! me répondit le vieux journal, de sa petite voix nerveuse et impatiente, je te reconnais bien là, ô le plus insouciant des êtres ! tu ne vois que la superficie des choses, et tu ne considères en moi que le produit éphémère, la feuille d'un jour, destinée à devenir cendre le lendemain. Tu ne sais pas, tu ne sens pas que mon existence se lie à des milliers d'existences ; que je remonte, comme toi, comme tout ce qui vit et meurt ici-bas, à l'origine de la création ; que je suis pour quelque chose dans tous les progrès accomplis, de même que je serai pour quelque chose aussi dans toutes les conquêtes réservées à l'esprit humain. »

Comme je manifestais mon étonnement à ce

début si pompeux, le vieux journal tint à me con-
vaincre.

« Écoute, me dit-il, écoute mon histoire, ma
confession, si tu veux. Je l'abrégerai autant que
possible, pour ne pas t'ennuyer. Mais que dis-je?
je suis presque sûr que tu t'y intéresseras.

« Mes souvenirs remontent bien loin ; je suis de
race celtique, et, parmi les familles humaines qui
s'enorgueillissent de leur ancienneté, il n'en est
point dont l'origine se perde, comme la mienne,
dans la nuit des temps. J'ai été d'abord cette petite plante fine et élancée à fleurs bleues, que
vous nommez vulgairement le lin ; que vos savants
ont classée dans le genre des dycotylédones et
dans la famille des caryophyllées, et dont, chez
les peuples celtes, les femmes se réservaient la
culture.

« Oui, j'ai vécu, j'ai souffert, j'ai patiemment
germé dans les flancs de la terre. Un jour enfin,
je m'épanouis au soleil, ma tige filamenteuse se
couvrit de fleurs charmantes qui livrèrent amou-
reusement leurs frais calices aux baisers des papillons et au souffle de la brise.

« Ce fut là une des heures bénies de ma jeunesse, et je m'abandonnai avec toute l'étourderie

de mon âge à ces premières ivresses de la vie. Le ciel était si pur! le soleil était si doux! J'étais loin de me douter alors du sort qui m'attendait et des transformations que je devais subir.

« Mes fleurs se flétrirent bientôt. Une enfant vint un jour arracher soigneusement ma tige, qui, après bien des travaux, donna un fil d'une délicatesse extrême. Des femmes s'emparèrent de ce produit, le filèrent patiemment, lui donnèrent une certaine consistance, et, dans cet état, je fus vendu à un manufacturier qui me transporta dans une grande usine d'abord, puis me remit entre les mains d'un pauvre tisserand qui habitait avec sa famille une humble maisonnette au bord d'une rivière.

« Qu'allais-je devenir? Je l'ignorais; mais, si triste que fût ma position, je fus heureux dans ce laborieux réduit, auprès de ces braves gens. Les enfants étaient sains et joyeux; la jeune mère les soignait avec une sollicitude touchante, et s'occupait des soins du ménage pendant que le père, armé de sa navette, m'étendait sur son métier et me mariait à d'autres fils, mes compagnons d'infortune.

« La navette du tisserand fit tant et si bien que, sous la main habile de cet homme, je devins bientôt un tissu d'une finesse extraordinaire. Dois-je te le dire? j'eus alors un pressentiment de ma nouvelle destinée. Je ne sais quel instinct m'avertit que j'allais appartenir à une femme, et j'en tressaillis de joie. Une femme! sais-tu rien, sous le ciel du bon Dieu, qui soit plus gracieux et plus adorable!

—Oh! non, certes, m'écriai-je avec un accent de conviction qui fit sourire le vieux journal. Mais craignant que cette interruption ne le détournât de son récit, je me hâtai de l'y ramener. — Tu en étais resté, lui dis-je, au moment solennel ou tu fus élevé à la dignité de fin tissu, de batiste peut-être, au moment où tu pressentis je ne sais quelles amoureuses destinées. Poursuis, je te prie.

— Hélas! reprit-il, tout ne fut pas rose dans ma nouvelle transformation. Je fus transporté dans un établissement spécial, nommé, je crois, une blanchisserie, où je fus macéré, torturé; puis il fallut subir le martyre de l'apprêtage; puis enfin, de main en main, j'arrivai dans un des splendides magasins de vos boulevards, où j'entendis tous les vains caquetages des commis marchands et de leurs clientes. Que de jolies mains passèrent sur moi! Que de beaux yeux admirèrent avec envie la finesse de mon grain! Je n'en finirais pas si je te contais tout ce que je ressentis à cette époque.

« Je fus enfin acheté. Il ne s'agissait de rien moins que d'un riche trousseau. Ici encore transformation nouvelle et nouveau supplice, hélas !

« Des couturières s'emparèrent de moi. Je crois entendre encore le grincement des ciseaux courant sans pitié à travers les fines mailles de mon tissu. Après le ciseau vint l'aiguille avec ses incessantes piqûres. Si tu savais quel bon souvenir j'ai gardé de la pauvre jeune ouvrière qui fut chargée de faire de moi un des vêtements les plus intimes de la nouvelle mariée! Que de confidences elle me fit sur sa triste situation et celle de ses compagnes, sur les tentations qui environnent les filles du peuple ! Que de soupirs je recueillis pendant qu'elle travaillait la nuit à la lueur de sa lampe !

« L'œuvre terminée, je n'étais plus la petite plante qui avait balancé gracieusement ses fleurs d'azur sous l'azur des cieux ; je n'étais plus le fil qui s'était enroulé autour du fuseau des femmes, ni la pièce de fine toile née dans la chaumière du tisserand ; j'étais un.... faut-il dire le mot? un peignoir élégant, dont le corsage et les manches étaient ornés de dentelles et de broderies.

« Dans cet état, je fis partie du trousseau et exposé, entre mille merveilles, dans un salon où les jeunes filles, les parents, les amies de la jeune fiancée vinrent m'admirer. « Est-elle heureuse! » s'écriait-on de toutes parts. Les insensés! heureuse, parce qu'elle allait posséder ces somptueuses frivolités de la toilette? comme s'il y avait un bonheur possible ici-bas en dehors des joies de l'amour et de la famille! L'infortunée jeune fille épousait un riche vieillard et on la disait heureuse! son mariage fut un martyre noblement supporté. La mort du vieux mari vint y mettre un terme. J'étais encore à cette époque un peignoir assez coquet, et Dieu sait combien je fus heureux chaque fois que ma belle maîtresse jeta sur moi un regard de complaisance et m'appela à l'honneur de revêtir son beau corps. Je l'aimais, l'ingrate !

« Malheureusement, je vieillis avant elle. Je fus mis au rebut, puis taillé en pièces, et je crus pour le coup que c'en était fait de moi. J'ignorais encore que rien ne meurt, que tout se transforme sous l'œil de Dieu. Ce fut au moment de mes plus cruels désespoirs cependant que s'ouvrirent devant moi les plus éclatants horizons.

« Une partie de moi-même fut divisée en fils

menus et servit à faire de la charpie qu'une sœur hospitalière appliqua doucement sur une blessure. L'autre partie roula de chute en chute jusque dans les abîmes les plus abjects.

« Que te dirai-je, ami? le vil croc d'un chiffonnier me saisit, je fus jeté dans une hotte parmi des débris informes, muets témoins comme moi des grandeurs et des décadences de la toilette féminine. Bref, je n'étais plus qu'un chiffon sans valeur apparente, et cependant le pauvre homme qui me recueillit me fit fête comme si j'eusse été au temps de mes splendeurs. Comprends-tu ce que je souffris! passer du boudoir d'une femme adorable dans la hotte d'un chiffonnier! ce fut horrible!

« Quel sorcier eût pu me prédire alors le sort qui m'attendait!

« Le chiffon misérable fut acheté par un industriel intelligent, qui me fit passer par de bien cruelles épreuves, par le supplice de l'eau, par le supplice du feu, jusqu'au moment où je fus transformé en une pâte éclatante de blancheur, jeté dans un moule, et où je reçus une vie nouvelle sous forme de feuille de papier.

« Je te fais grâce des opérations du séchage, des tourments du cylindre, de la mise en rame, du

transport fatigant. J'arrivai un jour dans une imprimerie. On me timbra, on me mouilla, et enfin
vint le jour solennel, le jour où j'allais vivre de
la vie intelligente, être l'organe de la pensée humaine.

« Quel effroi j'éprouvai quand j'entendis grincer
la machine sous laquelle je devais passer! Bientôt
cette machine s'empara de moi, me tordit, me
roula sur des planches de plomb formées de milliers de petits caractères. Lorsque je sortis de cette
redoutable épreuve, je vivais, j'étais un journal,
j'étais le défenseur des causes généreuses, j'invo-
quais ton nom, ô sainte liberté! j'étais voué à ta
recherche, ô vérité éternelle! faibles, je vous ten-
dais la main! puissants, je vous montrais l'écueil
où trébuche toute puissance!

« Ce fut un jour de triomphe et d'orgueil que
celui-là ; mais, hélas ! ce ne fut qu'un jour! Je
passai de main en main, on m'interrogeait avec
anxiété ; les femmes elles-mêmes ne dédaignaient
pas d'ouvrir mes grandes pages et d'arrêter sur
moi leurs regards.

« Pauvre petite tige de lin aux fleurs bleues, fil
imperceptible, tissu fragile, peignoir discret, chiffon méprisé, je n'avais donc traversé toutes ces
existences obscures que pour arriver à cet état de

développement! Toutes mes souffrances passées que j'avais maudites devaient donc me conduire à ce beau réveil, à cette vie splendide, qui fut de trop courte durée, hélas! Le lendemain on me délaissa pour des feuilles plus jeunes, et toi-même, toi qui contribuas par ton travail à ma naissance, toi dont je portai au loin la parole, tu allais, ingrat, me livrer aux flammes, lorsque j'ai eu l'heureuse idée de t'implorer et d'éveiller en ton cœur un sentiment de pitié. »

Le langage de ce vieux journal m'avait, je l'avoue, remué jusqu'au fond de l'âme. Il s'en aperçut, et je ne pus lui dissimuler que j'éprouvais une vraie douleur en songeant que sa carrière était finie et qu'il n'avait plus rien à espérer ici-bas que l'anéantissement et la mort.

« — La mort! s'écria-t-il, en déployant sa vaste envergure, la mort! est-ce qu'elle existe dans le sens que tu sembles y attacher? Est-ce que je mourus quand la plante de lin fut arrachée du sol et divisée en linéaments imperceptibles? Est-ce que je mourus quand le tisserand me frappa de sa navette? Est-ce que je mourus quand le ciseau et l'aiguille torturaient mon faible tissu et me transformaient en peignoir? Est-ce que je mourus quand ce peignoir fut divisé en lambeaux et jeté parmi les choses immondes? Est-ce que je mourus quand je fus macéré, réduit en pâte, transformé en feuille de papier, écrasé sous un cylindre, mordu par les rouages d'une machine? Crois-moi, ami, je ne sais ce que je deviendrai maintenant, mais j'ai bonne espérance. En te priant d'ajourner ma nouvelle destruction, j'ai obéi à ce sentiment de conservation qui est la loi de toutes les existences; mais aujourd'hui j'envisage l'avenir avec plus de calme.

« Quoi qu'il advienne de moi, que je sois demain une pincée de cendre ou que tu me jettes au vent du ciel, je n'en serai pas moins partie essentielle du grand tout, je vivrai enfin dans le sein de celui aux yeux duquel l'atome vaut autant que la plus haute montagne. Va donc, et fais de moi ce qu'il te plaira de faire ! »

Je sortis un instant; je laissai le journal sur ma table, songeant aux choses étranges que je venais d'entendre ; quand je rentrai, j'aperçus une clarté qui m'effraya.

C'était l'enfant qui venait de brûler la feuille de papier. Je me penchai vers l'âtre, mais il n'était plus temps. J'entendis le mot d'adieu à travers les pétillements de la flamme. Quelques étincelles ardentes coururent capricieusement pendant une seconde sur le papier calciné, puis ce fut fini !

Pauvre vieux journal, rassure-toi, tu ne seras pas le seul à subir un tel destin ! J'ai rencontré tout à l'heure un bigot auquel j'ai conté ton histoire, et qui m'a prédit avec joie que je finirai comme tu as fini : par le feu. Excellent homme !

FIN.

TABLE DES MATIÈRES.

PARIS. — IMPRIMERIE DE CH. LAHURE ET Cie
Rues de Fleurus, 9, et de l'Ouest, 21

BIBLIOTHÈQUE VARIÉE, FORMAT IN-18 JÉSUS.

Volumes à 3 francs 50 centimes.

About (Edm.). La Grèce contemporaine. 1 vol. — Nos Artistes au salon de 1857. 1 vol.
Balzac (H. de). Théâtre. 1 vol.
Barrau. Révolution française. 1 vol.
Bautain (l'abbé). La Belle Saison à la campagne. 1 v. — La Chrétienne de nos jours. 2 vol.
Bayard. Théâtre. 12 vol.
Belloy (de). Le Chevalier d'Aï. 1 vol. — Poésies. 1 v.
Brizeux. Histoires poétiques. 1 vol.
Busquet. Poëme des heures. 1 vol.
Byron. OEuvres complètes, trad. de Laroche. 4 vol.
Caro (E.). Études morales. 1 vol.
Castellane (de). Souvenirs de la vie militaire. 1 v.
Charpentier. Les Écrivains latins de l'empire. 1 v.
Dante. La Divine comédie, trad. par Fiorentino. 1 vol.
Dargaud (J.). Histoire de Marie Stuart. 1 vol.
Daumas (Général E.). Mœurs et Coutumes de l'Algérie. 1 vol.
Énault (L.). La Terre-Sainte. 1 vol. — Constantinople et la Turquie. 1 vol. — La Norvége. 1 vol.
Eyma (Xavier). Femmes du Nouveau-Monde. 1 vol. — Les Deux Amériques. 1 v. — Les Peaux rouges. 1 v.
Figuier (Louis). L'Alchimie et les Alchimistes. 1 vol. — L'Année scientifique, 1856, 1 vol.; 1857, 1 vol.; 1858, 2 vol.
Gautier (Th.). Un trio de romans. 1 vol.
Gérard de Nerval. Les Illuminés. 1 vol. — Le Rêve et la Vie. 1 vol.
Homère. L'Iliade et l'Odyssée, trad. de Giguet. 1 vol.
Houssaye (A.). Poésies complètes. 1 vol. — Philosophes et comédiennes. 1 vol. — Le Violon de Franjolé. 1 vol. — Histoire du quarante et unième fauteuil. 1 vol. — Voyages humoristiques. 1 vol.
Hugo (Victor). Les Contemplations. 2 vol. — Les Enfants. 1 vol.
Jouffroy. Cours de droit naturel. 2 vol.
Jourdan (L.). Contes industriels. 1 vol.
Lamartine (A. de). Méditations. 2 vol. — Harmonies. 1 vol. — Recueillements. 1 vol. — Jocelyn. 1 vol. — La Chute d'un ange. 1 vol. — Voyage en Orient. 2 vol. — Histoire de la Restauration. 8 vol.
Lanoye (F. de). Le Niger. 1 vol. — L'Inde contemporaine. 1 vol.
Laugel. Études scientifiques. 1 vol.
Lenient (C.). La Satire en France. 1 vol.
Libert. Histoire de la Chevalerie. 1 vol.
Limayrac (Paulin). Coups de plume sincères. 1 vol.

Lucien. OEuvres complètes. 2 vol.
Lutfullah. Mémoires d'un gentilhomme mahométan. 1 vol.
Marmier. Les Fiancés du Spitzberg. 1 vol. — Un été au bord de la Baltique. 1 vol. — Lettres sur le Nord. 1 vol.
Méry. Mélodies poétiques. 1 vol.
Michelet. L'Amour. 1 vol. — L'Insecte. 1 vol. — L'Oiseau. 1 vol.
Milne. La Vie réelle en Chine. 1 vol.
Montfort (Cap.). Voyage en Chine. 1 vol.
Mornand. La Vie des eaux. 1 vol.
Mortemart-Boisse (baron de). La Vie élégante. 1 v.
Nodier (Ch.). Histoire du roi de Bohême. 1 vol.
Nourrisson. Les Pères de l'Église latine. 1 vol.
Orsay (comtesse d'). L'Ombre du bonheur. 1 vol.
Ossian. Poëmes gaéliques. 1 vol.
Patin. Études sur les tragiques grecs. 4 vol.
Perrens (F. T.). Jérôme Savonarole. 1 vol. — Deux ans de révolution en Italie. 1 vol.
Pfeiffer (Mme Ida). Voyage d'une femme autour du monde. 2 vol. — Mon second voyage autour du monde. 1 vol.
Saintine (X.-B.). Picciola. 1 vol. — Seul! 1 vol.
Sand (George). L'Homme de neige. 2 vol. — Elle et lui. 1 vol.
Scudo. Critique et littérature musicales. 2 vol. — Le Chevalier Sarti, roman musical. 1 vol.
Simon (Jules). Le Devoir. 1 vol. — La Religion naturelle. 1 vol. — La Liberté. 2 vol. — La Liberté de conscience. 1 vol.
Tacite. OEuvres complètes, trad. de Burnouf. 1 v.
Taine (H.). Voyage aux Pyrénées. 1 vol. — Essai sur Tite Live. 1 vol. — Essais de critique et d'histoire. 1 vol. — Les Philosophes français du xixe siècle. 1 v.
Théry. Conseils aux mères. 1 vol.
Töpffer (Rod.). Le Presbytère. 1 vol. — Nouvelles genevoises. 1 vol. — Rosa et Gertrude. 1 vol. — Menus propos d'un peintre genevois. 1 vol.
Troplong. Influence du christianisme. 1 vol.
Ulliac-Trémadeure (Mlle). La Maîtresse de maison. 1 vol.
Vapereau (G.). L'Année littéraire (1858). 1 vol.
Warren (le comte de). L'Inde anglaise. 2 vol.
Zeller. Épisodes de l'histoire d'Italie. 1 vol.
Xénophon. OEuvres complètes, trad. de Talbot. 2 vol.

Volumes à 2 francs.

Boileau. OEuvres complètes. 1 vol.
Corneille (P.). OEuvres complètes. 5 vol.
La Fontaine. OEuvres complètes. 2 vol.
Molière. OEuvres complètes. 2 vol.
Montaigne. Essais. 1 vol.
Montesquieu. OEuvres complètes. 2 vol.
Pascal. OEuvres complètes. 2 vol.

Racine. OEuvres complètes. 2 vol.
Rousseau (J. J.). OEuvres complètes. 8 vol.
Saint François de Sales. OEuvres. 2 vol.
Saint-Simon. Mémoires complets. 13 vol.
Voltaire. OEuvres complètes. 25 vol. (Sous presse).
Zaccone. Le Langage des fleurs, avec gravures coloriées. 1 vol.

Volumes à 1 franc.

Houssaye (Arsène). Galerie du xviiie siècle : Les Hommes d'esprit. 1 vol. — Déesses d'opéra et Princesses de comédie. 1 vol. — Poëtes et Philosophes. 1 vol. — Hommes et Femmes de cour. 1 vol. — Sculpteurs, Peintres et Musiciens. 1 vol.
Hugo (Victor). Odes et Ballades. 1 vol. — Les Orientales. 1 vol. — Les Rayons et les Ombres. 1 vol. — Les Feuilles d'automne et les Chants du crépuscule. 1 vol. — Théâtre. 6 vol. — Notre-Dame de Paris. 4 vol. — Han d'Islande. 2 vol. — Bug Jargal. 1 vol. — Le Dernier Jour d'un condamné. 1 vol. — Le Rhin. 4 vol.

Paris. — Imprimerie de Ch. Lahure et Cie, rue de Fleurus, 9.